文秘专业规划教材编委会

主 任 唐 静

副主任 杨 光　李 坚　刁力人　卢俊杰
　　　　　肖于波　赵 莹　李 莉　姜 爽
　　　　　刘明鑫　孙 义　李 璐　白 静
　　　　　陈晓峰　牛占卉　戴卫东　杨 海
　　　　　耿玉霞　马 科　谢志刚　刘庆君
　　　　　张玉福　王林峰　贾洪芳　吴肖淮

编 委 杨颖红　刘满福　韩雪峰　曹文启
　　　　　何 强　汪 溢　邱 旸　李红艳
　　　　　郁 影　李裕琢　李卉妍　林世光
　　　　　刘崇林　韩 枫　黄永强　杨 雷
　　　　　戴环宇　张莉莉　张 偶　李贵强
　　　　　王 俊　张云娜　王守鹏

博雅

21世纪公共管理学应用型本科规划教材

文秘系列

秘书学

（第三版）

Secretarial Science

3rd edition

姜爽 邱旸 主编

图书在版编目(CIP)数据

秘书学／姜爽,邱旸主编. ——3 版. ——北京：北京大学出版社,2019.6
21 世纪公共管理学应用型本科规划教材. 文秘系列
ISBN 978-7-301-30535-5

Ⅰ. ①秘… Ⅱ. ①姜… ②邱… Ⅲ. ①秘书学-高等学校-教材 Ⅳ. ①C931.46

中国版本图书馆 CIP 数据核字(2019)第 096012 号

书　　　名	秘书学(第三版)
	MISHU XUE(DI-SAN BAN)
著作责任者	姜爽　邱旸　主编
责任编辑	梁路(lianglu6711@163.com)
标准书号	ISBN 978-7-301-30535-5
出版发行	北京大学出版社
地　　　址	北京市海淀区成府路 205 号　100871
网　　　址	http://www.pup.cn
微信公众号	ss_book
电子信箱	ss@pup.pku.edu.cn
电　　　话	邮购部 010-62752015　发行部 010-62750672　编辑部 010-62765016
印　刷　者	北京溢漾印刷有限公司
经　销　者	新华书店
	730 毫米×980 毫米　16 开本　14.5 印张　250 千字
	2010 年 1 月第 1 版　2013 年 9 月第 2 版
	2019 年 6 月第 3 版　2023 年 7 月第 6 次印刷
定　　　价	35.00 元

未经许可,不得以任何方式复制或抄袭本书之部分或全部内容。
版权所有,侵权必究
举报电话:010-62752024　电子信箱:fd@pup.pku.edu.cn
图书如有印装质量问题,请与出版部联系,电话:010-62756370

总　序

在现代社会,文秘专业是一门社会各界有着广泛需求的专业。无论是企事业单位还是行政机关,尤其是中外合资企业或外商独资企业,对于文秘人员的需求越来越旺盛。秘书职业化的趋势愈来愈明显,其社会地位在不断提高,服务领域也越来越广。社会各界在扩大秘书需求的同时也对秘书的素质和能力提出了更高更新的要求,这就对高校传统的文秘专业办学模式和教学方法提出了新的挑战。为了赢得挑战,加快发展,确保文秘专业教育与社会岗位需求相适应,就必须加强文秘专业的教材建设。教材好比剧本,没有好的剧本,焉能演出一场好戏?

为此,我们组织了全国二十多所高等院校文秘专业教学第一线的骨干教师,从事教改与教研工作的专家、学者,秘书职业资格证书社会培训机构的资深人士,在进行了广泛深入的调查研究的基础上,成立了"21世纪公共管理学应用型本科规划教材·文秘系列"编委会。我们会同北京大学出版社的有关编辑,从当前教学实际需要出发,充分考虑就业与市场需求,同时又与国家职业资格证书考试相衔接,制定了编辑出版这套文秘专业系列规划教材的指导思想、总体原则、编写体例、编写格式及具体要求。

我们编辑出版的这套文秘专业系列规划教材的培养目标是:培养适应社会主义现代化建设和经济发展与构建和谐社会的需要,具有较高的现代秘书素质与能力和国际视野,又具备管理、经济、法律、商务和外语等多方面的知识,德、智、体、美全面发展,以信息技术为沟通的主要手段,掌握文秘基本理论与文秘业务操作,拥有较强的书面和口头表达能力的复合型、应用型文秘人才。

这套系列规划教材教学的基本要求是:使学生系统地掌握文秘岗位必需和

够用的基本理论,包括秘书学、应用文写作、办公室管理、档案管理、会务组织、公共关系、人力资源管理、企业管理、法律和外语等基础知识;系统地掌握和具备文秘岗位所需的专业技能,主要包括文书写作与处理、办公室事务管理、档案的收集及管理、会议组织和服务、商务沟通与谈判等技能;同时,根据社会各界对秘书人才的需求变化及就业的岗位(群)特点,拓宽培养方向,改革课程设置,从单纯的行政文秘向复合型的商务文秘、涉外文秘、信息技术管理文秘转化。本着"宽口径,厚基础"的原则,改革和创新文秘人才培养模式。

全套教材设置13本:《秘书学》《文书与档案管理》《新编应用写作》《管理学原理》《人力资源管理与企业文化》《公共关系学》《市场营销学》《电子商务》《消费心理学》《商务谈判》《广告策划》《法律与法规》《现代礼仪》。我们编辑出版的这套教材是开放的,不是封闭的,要随着教学实践的需要和课程改革的变化而变化,以适应和满足当前及今后教学的需要。今后,我们还将陆续编辑出版文秘专业新的主干课程的教材。本套教材是大学生走向社会,实现零距离上岗不可多得的教科书,同时也适合作为社会力量办学机构与人才培训机构的培训用书,还可供社会各界从事文秘专业工作的人员参考阅读。

与以往传统教材相比,本套教材具有鲜明的特色:

首先,充分反映了当代文秘专业理论研究与实践应用的最新成果,融汇了国家最新颁布的相关政策和法律法规。突出体现应用性理论教育和实践技能教育相结合的特色,构建"文厚、技湛、商慧"型人才培养新模式,从而使教材体系有效地反映了知识、能力、素质相结合。整个教材体系结构严谨、层次分明,具有鲜明的时代性、创新性和前瞻性。

其次,在内容和体系上切合高等院校文秘专业的教学实际,符合培养目标与秘书工作岗位的要求,系列完整,布局合理。本套教材采用了富有弹性的模块式内容结构,设置了"基础理论""模拟实训""习题解答"三大模块。每个模块既是教材的有机组成部分,本身又是相对完整而又开放的单位。对知识与能力进行有目的的综合、融合和整合,便于组织教学,既具有综合性又具有针对性。

最后,目标是培养既有大学程度的文化基础和专业理论知识,又有较强实践能力的应用型、复合型人才。本套教材同时兼顾理论知识和实践知识,既选编"必需、够用"的理论内容,又融入足够的实训内容。突出重点和难点,精选基础、核心的内容,把培养学生动手能力、实践能力和可持续发展能力放在突出地位,促进学生技能的提高,增强了应用性和实践性。

在编写过程中,编者借鉴和吸收了国内外专家学者的最新科研成果,同时也参阅了大量相关书籍和资料,在此谨向原作者表示深深的谢意!

由于编者水平有限,加之时间仓促,疏漏之处在所难免,恳请专家、同行和广大读者批评指正,以便再版时修订完善。

唐　静

2019 年 4 月

前 言

秘书学是中文秘书专业的主干课,也是管理类、经济类专业的一门重要的选修课。本课程以秘书与秘书工作为主要研究对象,概括讲授秘书工作的基本知识和方法,探讨秘书工作的一般规律。学习本课程,可以为学习文秘专业其他专业课奠定基础。

为了适应党政机关工作需要,推进党政机关公文处理工作科学化、制度化、规范化,2012年4月中共中央办公厅、国务院办公厅联合印发了《党政机关公文处理工作条例》(中办发〔2012〕14号),并决定从2012年7月1日起正式施行。与此同时,国家质量监督检验检疫总局、国家标准化管理委员会发布新修订的《党政机关公文格式》(GB/T 9704—2012),于2012年7月1日起正式实施。

2015年10月25日,国家档案局发出了《国家档案局关于发布档案行业标准〈归档文件整理规则〉的通知》,明确指出:"档案行业标准《归档文件整理规则》(DA/T 22—2015)(代替 DA/T 22—2000)经全国档案工作标准化技术委员会审查通过,并经国家档案局批准为推荐性行业标准,现予以发布,自2016年6月1日起实施。"

本书第三版以习近平总书记有关秘书工作的一系列论述为指导,继续贯彻执行《党政机关公文处理工作条例》(中办发〔2012〕14号)、《党政机关公文格式》(GB/T 9704—2012)和《归档文件整理规则》(DA/T 22—2015)。在保持第二版主体结构和基本内容不变的前提下,有更新、有增加、有精简、有创新,更加重视实践教学环节,加强学生的岗位技能训练,使学生能够更快地适应秘书职业岗位的要求。

与其他同类教材相比,本书最大的特色是突出秘书岗位对接理论和实践标准的要求,即每一个章节中的理论都要对应秘书岗位工作,通过项目实训使学生将理论知识有效地应用于实践过程,实现教学目标。本书的理论部分包括秘书、秘书学、秘书工作、秘书机构、秘书素质等基础知识。实务部分围绕秘书的"办文""办事""办会"等主要工作内容逐一进行阐述,内容包括日常事务工作、调研与信息工作、文书与档案工作、会务工作等。每一章的开头都有"本章提要"和"本章学习目标",每一章的结尾都有"本章小结"和"复习思考题",细化具体学习要求,力图有更强的方向指导性。

第三版在每节开篇前增加了数字版"引导案例"(扫描二维码即可阅读),其内容与正文遥相呼应,相辅相成。对于学生理解和消化正文有极大的帮助。

注重操作性是本书的第二个特色。秘书的工作内容决定了秘书从事的是政务性、业务性、事务性工作,如文书制作、档案管理、会议组织等的操作。为此,本书在体例编排上,在每一章都设有"案例分析",不仅能激发学生学习的兴趣,还可以借助案例引导学生从实际工作中获取更多的经验。

增加项目实训也是本书的特色之一,第一、三、四、五、六、七、八章的最后都有专门的"项目实训",实训程序具有针对性和可操作性,便于考核考评,使学生在掌握知识的同时直接付诸实践,培养其动手操作能力。

本书第三版由姜爽(辽宁经济管理干部学院)、邱旸(辽宁经济管理干部学院)担任主编;李黔(辽宁科技学院)、王妍(沈阳职业技术学院)、孙悦(沈阳大学)、宿丰(沈阳大学)、傅平(辽宁经济管理干部学院)担任副主编。具体编写分工是:第一章由姜爽编写;第二章由王妍编写;第三章由孙悦编写;第四章由李黔编写;第五章由傅平编写;第六章由李黔编写;第七章由宿丰编写;第八章由邱旸编写。全书由姜爽、邱旸统稿和审定。本书第三次修订的全部工作由唐静负责,参加修订的有李桂英、唐晓诗、冷晓峰等老师。同时,他们还为本书制作了教学课件,有需要的老师可以通过书后附的"教师反馈及教辅申请表"获得电子课件。

本书是集体智慧的结晶,是大家共同的劳动成果。在此谨对参与编写的全体教师及其付出的辛苦努力表示衷心的感谢!

在本书的编写过程中,我们拜读了国内外许多专家、学者的著作,并借鉴了其中部分内容,引用了一些书籍和网站的相关资料与案例,在此谨向这些专家、学者和学界同人表示深深的感谢和敬意!编者受时间和水平所限,书中难免会有错误和纰漏,敬请专家和读者不吝指正,以便再版时做进一步的修改和完善。

编者

2019 年 4 月

目 录

第一章 秘书 /1
    本章提要 /1
    本章学习目标 /1
    第一节 秘书 /2
    第二节 秘书学 /9
    第三节 秘书工作 /14
    案例分析 /27
    本章小结 /28
    复习思考题 /28
    项目实训 /29

第二章 秘书机构 /31
    本章提要 /31
    本章学习目标 /31
    第一节 秘书机构的设置 /32
    第二节 秘书的工作职能 /39
    案例分析 /51
    本章小结 /51
    复习思考题 /52

第三章　秘书的素质　/53

　　本章提要　/53

　　本章学习目标　/53

　　第一节　秘书的职业道德　/53

　　案例分析　/63

　　第二节　秘书的智能结构　/63

　　第三节　秘书的气质个性　/69

　　案例分析　/73

　　本章小结　/75

　　复习思考题　/76

　　项目实训　/76

第四章　秘书的日常事务工作　/78

　　本章提要　/78

　　本章学习目标　/78

　　第一节　办公环境管理　/79

　　第二节　办公环境的安全维护　/83

　　案例分析　/85

　　第三节　电函印信的处理　/86

　　案例分析　/92

　　第四节　办公接待工作　/93

　　案例分析　/101

　　第五节　值班保密工作　/101

　　案例分析　/109

　　第六节　办公时间效率的管理　/110

　　案例分析　/121

　　本章小结　/122

　　复习思考题　/122

　　项目实训一　/123

　　项目实训二　/124

项目实训三 /125

项目实训四 /125

第五章 秘书的调研与信息工作 /127

本章提要 /127

本章学习目标 /127

第一节 秘书的调查研究工作 /128

第二节 秘书的信息处理工作 /134

案例分析 /139

本章小结 /139

复习思考题 /139

项目实训一 /140

项目实训二 /140

第六章 秘书的文书与档案工作 /142

本章提要 /142

本章学习目标 /142

第一节 秘书的文书工作 /142

第二节 秘书的档案工作 /154

案例分析 /158

本章小结 /160

复习思考题 /160

项目实训 /160

第七章 秘书的会务工作 /162

本章提要 /162

本章学习目标 /162

第一节 会务工作概述 /163

第二节 会前筹备工作 /166

第三节 会间组织与服务 /177

第四节 会议的善后处理 /183

案例分析 /189

本章小结 /190

复习思考题 /190

项目实训一 /190

项目实训二 /191

项目实训三 /192

项目实训四 /193

第八章 秘书职业准入制度 /194

本章提要 /194

本章学习目标 /194

第一节 秘书岗位的应聘 /194

第二节 秘书职业资格认证 /200

案例分析 /216

本章小结 /217

复习思考题 /217

项目实训 /218

参考文献 /219

第一章　秘　　书

本章提要

秘书工作古已有之,存在了几千年,同时,秘书也是世界范围内最广泛的社会职业之一。但是,研究秘书工作规律的秘书学却是一门年轻的学科。本章从总体上对秘书的含义、秘书的职业特征、秘书学的性质与研究对象、秘书学与相关学科的关系、秘书工作的原则和方法等问题展开论述,简要介绍当前我国秘书学的理论现状。

本章学习目标

- 了解秘书的职业特征
- 全面理解秘书学
- 掌握秘书工作的方法

第一节 秘 书

> 引导案例 1-1
>
>
>
> 习近平谈如何当秘书

一、秘书的含义

秘书是世界范围内最广泛的社会职业之一,被人们誉为常青的职业。我国秘书的历史源远流长。从理论上讲,当社会组织发展到一定规模并形成相对稳定的领导人或领导集团的时候,为领导者提供辅助管理的秘书工作也就随之出现了。但是,秘书作为一种社会职业则是 20 世纪 80 年代以来的事情。改革开放开启了我国秘书的职业化进程,历经四十多年的蓬勃发展,我国的秘书职业逐步走上了制度化、规范化的道路。那么,我们今天所说的"秘书"的含义究竟是什么?这是首先要了解的基础知识。

(一)中国古代"秘书"概念的流变

"秘书"一词最早出现于汉代,当时的"秘书"与秘密、机密等概念密切相关。"秘书"一词由"秘"和"书"组成。"秘"即秘密、神秘之意;"书"即图书。因此,"秘书"一词最初不是指人,而是指具有秘密性质或神秘色彩的图书。这些图书主要有两类:一类是宫禁藏书。这类图书多为经典文献,一般不予公开,故此谓之"秘书"。另一类是谶纬图录。这类图书以隐语、咒语预决吉凶、占卜未来,推算气数,带有浓厚的迷信色彩。由于中国古代的农民运动往往利用其中的隐语作为口号,组织发动起义,于是统治者便禁止这类图书在民间公开流传,也将其作为"秘书"收为宫藏。

东汉后期开始将以掌典图书、著书立说为职责的官署和官职称为"秘书监""秘书省""秘书丞""秘书郎""秘书令"。"秘书"开始指代人员,意为朝廷中掌管图书和机密文书的一类官职。汉桓帝时,设置秘书监,专门掌管皇帝的秘书图籍。这是中国历史上第一次将"秘书"命以朝廷中的官名。

清朝灭亡后,孙中山先生领导的南京临时政府仿照当时欧美等国的政治体制,实行总统制,在总统府设立了秘书处,有秘书长一人,秘书若干;政府各部局设立秘书室、秘书科和秘书官;各省都督府也设立了秘书。这是"秘书"概念内涵在中国最具根本性的一次变异,"秘书"一词真正具有了现代意义。从此以后,"秘书"一词彻底摆脱了与"图书"这一含义的关系,从指物转变为专指担任某种职务的人。秘书作为一种特定的职务,不再以掌管一般意义上的图书典籍为主要职责,而真正有了现代意义上的秘书职能,并一直沿用至今。

(二)国外对"秘书"概念的界定

在国外,"秘书"一词源于拉丁文的"secretarius",意思是"可靠的职员",英语中的秘书(secretary)与秘密(secret)有着密切的联系。这种界定更符合它的本义,是最具实质意义的。现代西方国家的秘书概念形成于资产阶级工业革命时期,是工业社会的产物,主要指一种职位或者职业及拥有此职位的职员或者从事此职业的人员。

美国全国秘书协会给"秘书"下的定义是:高级官员的助手,掌管机关职责并具有在不同上司直接监督下承担任务的才干,发挥积极主动性、运用判断力在其职权范围内对机关工作做出决定的工作人员。[1]

欧洲专业秘书协会认为,秘书对其上司的活动和工作范围有足够的了解,能够替上司分担很多工作。他能在一定的范围内做出决定和发出指示,并在做生意的场合代表他的上司。

国际职业秘书协会对"秘书"的定义是:秘书应是主管人员的一位特殊助手,他掌握办公室的工作技巧,能在没有上级过问的情况下表现出自己的责任感,以实际行动显示出主动性和正确判断的能力,并且能在所给予的权利范围内做出决定。[2]

(三)当前我国对"秘书"的定义

20世纪80年代以来,我国的秘书学界从学科角度对"秘书"的定义进行了广泛、深入的研究与争鸣,主要有"职务"说、"职位"说、"职称"说、"职业"说、"人员"说等。据统计,秘书学界对"秘书"的定义多达百种以上,但至今没有形成共识。《辞海》中,秘书有五种含义:一是职务名称,即指领导的助手;二是官名;三是指使馆中介于参赞和随员之间的外交人员,分为一等秘书、二等秘书和

---

[1] 金常德:《秘书职业概论》,中国轻工业出版社2007年版,第1—2页。
[2] 孙荣:《秘书学概要》,上海社会科学院出版社2006年版,第5—6页。

三等秘书;四是指宫禁里的藏书;五是指谶纬图录等书。《现代汉语词典》对"秘书"的解释是:"掌管文书并协助机关或部门负责人处理日常工作的人员。"①教育部全国自考办教材对"秘书"的定义是:秘书是位居领导人身边或领导机构中枢,从事办公室事务,办理文书,联系各方,保证领导工作的正常运转,直接为领导工作服务并为各方面服务的领导的事务与信息助手。原国家劳动和社会保障部2006年重新修订的《秘书国家职业标准》对"秘书"的定义是:从事办公室程序性工作,协助上司处理政务及日常事务并为决策及实施提供服务的人员。

上述定义对"秘书"的表述各不相同,但都对秘书的基本含义做出了明确的界定,指出了秘书是一种社会职务或职业,是辅助领导管理,为领导提供服务的工作人员。

二、秘书的类型

通过对现行秘书分类原则、标准、方法的扬弃,我们可以从纵横两个方面划分秘书的类型。

(一)纵向分类

秘书的纵向分类是依照秘书的业务水平进行的。

(1) 秘书的层次。它包括两方面的内容:一方面,秘书人员所在机关、单位的级别有高有低,可分为中央、省(市)、县、基层四个层次,因而相应的有四个层次的秘书;另一方面,在同一机关、单位,秘书人员的职位也有高低之分,分为高级秘书、中级秘书和初级秘书。

初级秘书指从事一般日常工作的秘书,帮助领导处理一些日常程序性的琐事、杂务和操作性的服务工作,如收发文件、盖章、发布通知、接待访客、操作电脑、接听电话等。这些都是大量日常事务中经常性的、必不可少的工作。

中级秘书指在各种秘书机构中从事文字工作的秘书,如起草文件、办理公文、调查研究、整理信息等。中级秘书还要辅助管理事务,如在协助领导办理公文、筹办会议的过程中,要协助领导协调组织各种内外关系,注意从全局利益出发,在领导活动中积极发挥拾遗补阙的作用。

高级秘书是指秘书部门的负责人、首脑机关的专职秘书等,主要是在高层领导身边从事高级参谋和助手的工作。他们参政议政、深入决策的全过程,是领导的重要助手,有的本身就是领导成员。高级秘书需要具备很高的综合素

---

① 《现代汉语词典》(第7版),商务印书馆2016年版,第894页。

质,精通秘书业务,具有独当一面的管理能力。

需要注意的是,高级、中级、初级之分也只是相对的。1999年,原国家劳动和社会保障部启动了秘书职业资格鉴定制度,根据秘书的学历、资历和经验、知识水平、技能将秘书分为高级秘书、中级秘书和初级秘书。2006年修订并颁布的《秘书国家职业标准》将秘书的职业等级分为五级秘书(国家职业资格五级)、四级秘书(国家职业资格四级)、三级秘书(国家职业资格三级)和二级秘书(国家职业资格二级),把业绩考核引入二级秘书的考核范畴,并提出相应的工作要求。

(2) 秘书的辅助功能。从辅助功能的角度进行分类,秘书可分为技术操作层秘书、行政执行层秘书和辅助决策层秘书。

技术操作层秘书,指为领导机关或领导者个人提供技术服务的秘书。他们主要负责文稿的编排打印、检查校对,文书的处理、保管,图书资料的采编,以及通信设备的操作等技术性工作。

行政执行层秘书,指为领导机构处理重要公务的秘书。他们主要负责信息加工、文书撰拟、信访处理、会议安排和综合协调等秘书工作。他们的工作各有分工,分别从各个方面对领导的管理决策进行辅助。

辅助决策层秘书,指直接参与领导集团决策活动的秘书。他们主要是职务层次级别较高的秘书长、办公厅(室)主任和领导者的个人秘书。这些人一方面要具备秘书工作的知识和能力,另一方面也要具备相当的管理、决策能力,这样才能很好地发挥辅助决策的作用。

在省、市政府机关中,按秘书人员担任的职务,一般划分为秘书长,办公厅主任,秘书处处长、科长、股长、科员、办事员七个层次。

国外也有与此类似的秘书分类方式,主要是根据秘书的资格和承担责任的不同,从纵向上分为不同的等级。例如在美国的工商企业中,行政秘书按照职位从低到高依次分为B级秘书、A级秘书、经理秘书。在英国的政府机关中,秘书分为行政级、执行级、文书级和助理文书级四个层次。

(二)横向分类

秘书的横向分类是以秘书的工作内容或所从事行业为标准的分类。

(1) 按服务对象和经济来源划分,可以分为公务秘书和私人秘书两类。

公务秘书泛指在各级党、政、军、群机构和国有企事业单位中,由组织或者人事部门选派,从国家机关或企事业单位领取薪酬,在编制上属于该单位干部的人员。目前我国党政机关的秘书均属于此类。在部分高级领导人或者高级专家身边服务的秘书,是由相应的组织部门选派并经领导人本人同意后担任的,虽然其服务对象是个人,但其职务同样纳入干部编制,也属于公务秘书。

私人秘书是指由私人、私人企业、民办企业等出资雇佣并为其服务的秘书。私人秘书不属于国家编制的文员,他们在遵守国家法律的前提下,向自己的雇佣聘任者负责。他们的工作制度和工作方式具有很大的灵活性和多样性。

(2)按不同的行业或所属的部门分类,可分为党务、行政、经济、军事、司法、文教秘书等。这其中还可进一步细分为若干小类,如在经济部门,可具体分为工业、农业、金融、保险、税务、商业等行业的秘书;在文教部门,又可具体分为文化、教育、卫生、体育、宣传、文艺、科研等部门的秘书。

(3)按照秘书的工作内容,可划分为文字秘书、机要秘书、行政秘书、通信秘书、事务秘书、信访秘书、生活秘书、外事秘书等。这种分类是目前比较普遍和通用的分类方法。

文字秘书是指专职从事以撰拟公文、综合情况、沟通信息、参与政策研究、协助领导进行公文把关等为主要工作内容的秘书,具有较强的口头与文字表达能力,俗称"笔杆子"。

机要秘书是指专管机密文件和负责机密性事务的秘书,主要存在于高中层领导机关和机密性较强的机关、事业单位。其主要职责是:收发和管理机密文电及其他机密材料,负责领导干部办公事务的保密工作,做好领导干部交办的各项带机密性的事务工作。

行政秘书是指协助领导处理公务、实施管理的秘书。他们可以随领导列席某些会议、参与某些决策等,一般具有较强的协调能力和组织能力,是领导的重要助手。

通信秘书是管理通信事务以及各种通信设备的秘书。

事务秘书是指负责总务、后勤等事务性工作的秘书。

信访秘书是指接待和处理人民群众有关来信来访事宜的秘书。其职责是通过接访,加强领导机关与人民群众的联系,倾听人民群众的呼声,保障人民群众的合法权益,加速政策、政令的贯彻落实。

生活秘书是指负责领导层或领导者个人日常生活事务的秘书。其职责是负责安排领导者的起居、作息、医疗保健,在生活方面给领导层或领导者个人提供各种服务和帮助。

外事秘书是指从事对外事务工作的秘书。外事秘书多在专门的外事机构和某些高层领导机关设置,在外事活动较多的机关、单位也可配备专职或兼职的外事秘书。其职责是负责外宾接待、洽谈、签约等一系列的服务性工作。

此外,在有的单位,根据各种工作的需要,还设有外文秘书、教学秘书、法律秘书等。

三、我国秘书的职业化进程

在秘书社会化、职业化以前，秘书工作长期处在官吏性秘书工作阶段，秘书都毫无例外地带有官职化的特征。秘书职业化则是社会生产力发展和社会分工细化促成的结果。

我国秘书职业化的进程开始于20世纪80年代。改革开放以后，我国的经济由单一化转向多元化，多形式多种类的经济活动和贸易活动，必然产生大量秘书性质的事务需要专门人员来处理，社会上便出现了一些专门从事秘书事务的机构和职业阶层。同时，秘书教育出现并迅速形成热潮，标志着我国秘书职业化的时代已经开始。20世纪90年代后期开始实施秘书国家职业资格鉴定工作，标志着我国秘书职业化进入到自觉阶段。2006年修订和颁布新的《秘书国家职业标准》，改革鉴定考试办法，使秘书职业化走上制度化、规范化的道路。

以商务秘书为主体的职业阶层的形成和壮大，秘书服务机构的大量出现，秘书职业资格认证的广泛开展，秘书职业教育的蓬勃发展等，都标志着我国秘书职业化日趋成熟。

四、秘书的职业特征

(一)服务对象多元化

随着社会主义市场经济体制的完善，多种经济成分出现并得到迅速发展，为了适应各行各业秘书工作的需要，行业秘书的门类逐渐增多；同时，各行各业内秘书工作本身也不断分化，这使得我国秘书工作的服务对象呈现出多元化的特征。不仅有公务秘书为党政机关和国有企业领导及其领导班子服务，更有大量私人秘书兴起，企业家、科学家、演员、医生、教师、律师、运动员等一切社会人士只要需要秘书提供辅助管理和综合服务，并具有一定的财力都可以成为秘书的服务对象。

(二)业务工作专业化

秘书业务是秘书职业区别于其他职业的显著标志之一。秘书职业之所以成为一种独立的社会职业，就是因为秘书业务工作有自己的独立工作范围，如文书工作、档案工作、接待工作、会务工作等。当然，随着社会的不断发展，秘书业务领域会呈现扩大趋势，同时也会淘汰一些过时的工作内容和形式。而这些专门的业务工作要求秘书必须经过专业训练并具备相应的素养和技能。"万金油"的时代已经逐渐被秘书职业抛弃。秘书职业化不仅要求秘书是"杂家"，更要求秘书是"专家",要求其知识技能专业化。

（三）工作手段现代化

随着科技发展和网络技术的应用,秘书工作方式有了根本性的变化,即从以传统的手工操作为主的工作方式向以应用现代办公设备为主的技术型工作方式转变。办公自动化促使秘书人员由事务型向智能型转化。处理事务性秘书工作的人员必须会熟练地操作电脑等自动化设备,具有这方面的能力才能办理各种程式化、重复性的事务。

随着科学技术的发展,人类必将再度提高办公自动化的程度,从而要求秘书人员加速向智能化方向的转换。未来的秘书将是善于收集、分析信息,能熟练使用现代化设备,时间观念、效率观念极强的助手和参谋。

（四）商务秘书女性化

在欧美国家,秘书职业女性化是存在已久的客观事实,秘书成了许多国家和地区女性的首选职业。在我国,随着市场经济的发展,外向型的"公关型"秘书人才需求量相对增加,而在沟通、协调、公关等方面,女性秘书确有男性秘书所无法比拟的优势,从而形成秘书职业女性化的潮流。在商务秘书领域,特别是在许多民营企业中,女性秘书队伍正逐渐扩大,甚至许多公司的招聘广告上也明确规定了招聘秘书人员的性别为女性。可见,我国商务秘书的女性化倾向已经成为一种发展趋势。

（五）资格认证制度化

西方发达国家秘书职业化成熟的标志之一,就是建立了完善的职业资格认证制度和体系,使秘书从业者在进入职业领域之前,必须接受正规教育和专业培训,并经过权威机构的统一考试,取得专业任职资格证书。我国实行秘书职业资格认证是秘书职业化的必然要求,也给社会选聘秘书提供了科学的依据。目前,我国秘书职业资格认证的主要形式是原国家劳动和社会保障部开展的秘书国家职业资格鉴定,现为人力资源和社会保障部管理,属于国家职业资格制度体系。它将秘书职业设为四个职业等级,分别规定了相应的工作要求及申报条件。秘书职业资格认证的制度化,标志着我国秘书职业化向前迈出了前所未有的一步。

第二节 秘书学

引导案例 1-2

我对秘书学的粗浅认识

一、秘书学的含义

（一）秘书学的定义

秘书的历史和广大秘书人员的丰富工作实践,为秘书活动及其规律的研究提供了条件。秘书学就是研究秘书工作的产生、发展及其工作规律和发展趋势的科学,其目的在于使秘书工作科学化、理论化,以充分发挥自身效能,具有极强的应用特性。它的研究任务是揭示秘书活动产生和发展的本质、特性、功能及作用的一般规律和特殊规律,指导秘书工作走向理论化、规范化和科学化。

（二）秘书学的研究领域

1. 秘书史

秘书史是对秘书活动的起源、形成和发展演变过程进行理论探讨和知识梳理的一门学科。其基本任务在于用科学的思维方法分解并整合秘书活动的演进过程,以秘书学的专用术语加以表述。秘书史的研究范围包括中国秘书史、外国秘书史、国别秘书史、断代秘书史、专题秘书史和秘书思想史等六部分。

2. 秘书理论

秘书理论泛指关于秘书现象、秘书活动和秘书学自身的理性认识成果。其基本任务在于对实际秘书活动予以抽象化概括,将其理论体系化;在此基础上,总结秘书活动的历史经验,探讨秘书活动的发展规律,摸索秘书活动的发展动向,更好地服务于当前的秘书工作。秘书理论研究内容包括基础秘书理论、应用秘书理论和交叉秘书理论。

3. 秘书业务

秘书业务是秘书人员或秘书部门所进行的专业性工作,由于秘书工作的范围较为广泛,且始终处于动态变更状态,因此,秘书业务的内涵也随之不断增加。通常,秘书业务可分为文字工作、文书工作、协调工作、信息工作、保密工作等。

4. 秘书技术

秘书技术是指秘书人员用于处理事务的方法、手段和技能。它与秘书业务相比,具有更强的实践性和动态性,其功能主要是培养秘书的操作性能力。秘书技术包括秘书工作方法、秘书办公场所、秘书办公手段和公关艺术等内容。

二、秘书学的性质

秘书学是一门新兴的综合性、实践性很强的应用学科,其学科性质由其研究的对象和研究的特定内容所决定。秘书学具有如下性质。

(一)理论的应用性

秘书学是一门实践性很强的应用学科。美国管理学家西蒙曾指出:"科学可分为两类:理论科学和实用科学。一个科学命题如果采用了这样一种形式:要造成如此这般的状态,就必须如此那般去做,那么,这个命题就可视为实用科学命题。"[①]秘书学旨在提供一套行为指南,直接指导秘书工作实践,因此,它的实用科学性质决定了它的应用特性。

秘书学的应用性表现为:秘书学的理论知识直接来源于生动的秘书实践,以及由此而产生的秘书活动经验;秘书学的理论知识直接受到秘书实践的检验,或证实,或修正,或补充;秘书学的理论知识直接指导秘书实践,并具有普遍意义。

(二)知识的综合性

秘书学是一门综合性的新兴学科。它的综合性表现在以下三个层次上。

首先,秘书学的综合性由其活动的综合性特征所决定。秘书活动是以全面处理信息和事务为工作内容的辅助管理活动,涉及辅助决策、处理信息、协调关系、处理信访、接待来宾、组织会议、调查研究、管理文书和档案等方面。因此,研究秘书活动,就必须吸收管理学、领导学、决策学、信息学、公共关系学、信访学、社会学、文书档案学等学科的研究成果。

其次,秘书学的综合性由秘书学学科的发展趋势所决定。现代秘书学的发展,已经不再仅仅限于研究秘书工作本身,而是开始注重秘书主体和秘书环境的研究,因而较多地借鉴了心理学、人才学、伦理学、人际关系学、组织学等学科

---

① 〔美〕赫伯特·西蒙:《管理行为》,北京经济学院出版社1988年版,第239页。

的理论,以拓宽秘书学研究的视野和领域。

最后,秘书学的综合性由现代思维科学和方法论在秘书学领域的衍生所决定。信息论、控制论和系统论已在秘书学研究中广泛运用,并取得了可喜的成果。

（三）工作的政治性

秘书学是一门政治性很强的学科,这主要指我国秘书的主体——党政系统的秘书,或称为"公务秘书"。其工作的政治性很强,决定了研究秘书工作理论不能脱离政治。

这包括三个方面的含义:（1）秘书和秘书工作都是直接为领导决策与管理服务的,其政治性自然很强;（2）我国秘书的主体是党政机关的秘书,也包括国有企业、事业单位秘书,他们实质上都是党的干部或国家公务员,其从事的秘书工作也就有很强的政治性;（3）秘书工作中的许多内容,如文书、信息、信访、督查、保密,政策性极强,而政策性是政治性的重要体现。

民营单位的秘书工作,其政治性自然有所不同,但也必须遵循国家法律和党的政策去开展工作,所以其工作也有政治性。

（四）学科的群体性

秘书学是一门综合性学科,同时也是一个独立、完整的理论体系,是以秘书学概论为主导的学科群。例如:理论秘书学有秘书学原理、秘书心理学;应用秘书学有行政秘书学、企业秘书学、商务秘书学、涉外秘书学等;历史秘书学有中国秘书史、外国秘书史和中国公文史;技术秘书学有会议学、秘书技术和办公自动化等。

三、秘书学的研究对象

秘书学以秘书活动为研究对象。所谓秘书活动,是指秘书人员在辅助领导者实施管理的过程中全部行为表现的总和。秘书活动的基本要素包括秘书人员、秘书工作、秘书方法、领导意图、秘书环境。

（一）秘书人员

秘书人员是秘书活动的主体,秘书活动主体研究是对秘书活动主体的特征、地位、思想修养、心理素质、职业道德、行为准则等方面展开的研究。在社会主义市场经济条件下,我国秘书人员应当树立哪些观念,具备哪些素质,这是新型秘书人才培养的理论指南。

（二）秘书工作

秘书工作是秘书活动的客体要素,也是秘书活动的载体要素。秘书活动只有依托和通过秘书工作,才能显示出自身的存在价值。研究秘书工作,就是要从微观上解决秘书工作怎么做的问题,包括秘书工作的具体程序、方法、技能。

(三)秘书方法

秘书方法是秘书活动得以运行的媒介,指秘书人员在认识、表达和处理各种事务时所采用的途径、方式、手段和程序等的总称。秘书方法是秘书活动的中介要素,也是秘书活动的效率保证。良好的秘书方法,可以提高秘书工作的质量,加快秘书工作的进程。在秘书活动的诸要素中,秘书方法是一个活跃多变的要素,它不同程度地影响着其他要素。

(四)领导意图

领导意图是秘书活动的潜在要素,也是秘书活动的准绳和尺度。衡量某项秘书活动是否有效,往往视其能否如实而创造性地贯彻领导意图。广义的领导意图是指领导者在引导他人实现组织目标的过程中所产生或形成的意见、倾向及企图。狭义的领导意图是指领导者对完成某项任务的意见、倾向及企图。

(五)秘书环境

秘书环境是秘书活动的外在要素。秘书活动的环境包括内部环境和外部环境。内部环境指秘书在组织内部的领导方式、工作制度、人际关系、物质工具等;外部环境指秘书与领导者的关系,有关秘书活动的法律、法规与规章,以及社会的政治、经济和文化环境等。研究秘书活动的环境,有利于协调秘书活动主体与环境的关系,使秘书主体更好地适应和改造环境,同时也使秘书活动的环境更能激发秘书主体的积极性和创造性。

四、秘书学与相关学科的关系

由于秘书学是一门综合性很强的学科,因此在研究内容上,秘书学与邻近学科相互渗透、互为交叉。从秘书学研究的内容和特点来看,它同管理学、行政学、领导科学、文书学、档案学、信息学、写作学等学科有着密切的联系,但又是完全不同的学科,有着明显的区别。

(一)秘书学与管理学的关系

管理学是一门综合性的交叉学科,是系统研究管理活动的基本规律和一般方法的科学。管理学是适应现代社会化大生产的需要而产生的,它的目的是:研究在现有的条件下,如何合理地组织和配置人、财、物等因素,提高生产力的水平。其内容主要包括管理组织、管理职能、管理系统、管理行为、管理原则、管理技术等。秘书和秘书部门的基本职能之一是协助领导进行有效管理,这是一种特殊的管理活动。秘书虽不是严格意义上的管理者,但他在协助领导计划、组织、指挥、监督、控制的管理过程中起着十分重要的作用。秘书和秘书部门在协助领导进行管理时,必然要运用管理学的原理、知识、技能和技巧。但管理学研究的是一般的管理规律,秘书学研究的只是秘书职能中辅助管理的特殊规律,它们属于两门不同的学科,二者不是包容与被包容的关系。

(二)秘书学与行政学的关系

行政学是一门研究各级政府公共行政管理现象及其规律的学科,其内容主要包括行政原理、行政组织、行政领导、行政决策、人事行政和机关管理等。秘书工作是公共行政领导工作和组织管理工作的重要组成部分。在行政学的研究内容中,包含有秘书学的内容,如机关管理中就包括对秘书、秘书部门、秘书工作的管理。秘书和秘书部门要协助各级领导综合各类情况,研究政策,密切各方面工作的联系,担负着"参与政务"的工作,同时还有大量"管理事务"的工作。但秘书的这些工作都是起辅助和服务的作用,这是秘书学与行政学在本质上的差别所在。同时,秘书工作不仅仅是公共行政管理机构才有的辅助管理工作,其管理内涵已远远超出公共管理领域。

(三)秘书学与领导科学的关系

领导科学是研究现代领导工作规律的科学。有领导就有秘书,秘书工作不能离开领导工作而独立存在,但也不能因此认为秘书学是领导科学的分支。领导在其全面的工作过程中居于主导地位,特别是其中的决策职能为其专有职权;秘书只是起辅助管理作用而没有决策的职权,这是它与领导工作在本质上的差别。但领导与秘书、管理与辅助管理在关系上的紧密性,导致了研究秘书学必然要与研究领导科学相结合。

(四)秘书学与文书学的关系

一门独立的科学必须有自己独特的研究对象。秘书学是研究秘书现象及其规律的,文书学是研究文书现象及其规律的,这是它们各自成为独立科学并相互区分的主要标志。文书学的产生和发展源于秘书工作,包含在秘书学的研究范畴之内,但在时间上,文书学先于秘书学。从内容含义上,文书学可分为文书的一般知识、文书工作的任务和原则、文书处理的程序和要求以及文书立卷业务等等。在这一意义上,文书学从属于秘书学,是秘书学的一个分支。文书学的产生与发展,促进了秘书学的创建和研究,而秘书学的发展又为文书学的发展开辟了广阔的道路。

(五)秘书学与档案学的关系

秘书的一大职能便是对档案资料的收集、整理和归档,档案学成为秘书学的一大来源。秘书学通过对档案学的研究,可以借鉴档案学中关于档案收集、整理、鉴定、保管和利用等一套理论、程序与方法,提高秘书工作的整体质量和效率。

（六）秘书学与信息学的关系

信息学属于自然科学范畴，是研究信息的发生、获取、传输、存贮、加工处理、分类、识别、控制和利用的一般原理与方法的科学。信息工作是秘书工作的组成部分，信息学的理论和方法已开始应用于秘书工作中的信息传导、文字处理和文书档案的管理等方面。秘书学与信息学的关系，主要表现在以下三个方面：一是信息学的兴起，促进了秘书学的发展，给秘书学增添了新的内容；二是信息学的理论和技术，已被秘书工作领域广为应用，成为秘书学研究的重要对象；三是信息学理论、技术的应用，为办公自动化展现了美好前景，为秘书工作的现代化开辟了新的途径。但是，秘书学只是运用信息学的原理和方法来加工、处理、传递、存储信息，大部分内容与信息学无关，它们各自都是独立学科。

（七）秘书学与写作学的关系

写作学是研究写作特点和规律的科学。秘书工作的内容之一就是撰写文件和文章，因此，秘书学要研究公文和其他实用文体写作的规律、特点和方法，在这一点上，两门学科发生重叠和交叉。

此外，秘书学还与政治学、决策学、行为科学、心理学、公共关系学等学科有着一定的联系，有时还借助自然科学的研究成果和研究方法。

第三节　秘书工作

引导案例 1-3

秘书工作的内容是什么？

一、秘书工作的含义

在传统上，秘书工作的内涵比较狭窄，主要指秘密文书工作，即文书的撰写、处理和保管工作。而在现代，秘书工作是一个含义很广的概念，其工作范围包括文书处理、立卷归档、机要保密、综合承办、安排会晤、调查研究、公文写作、会务工作、信访接待以及领导交办的各项工作等。承担秘书工作的人分为两类：一类是秘书群体，即所谓的办事机构、秘书班子，他们在各级办公厅、办公室从事各种秘书工作；另一类是秘书个体，他们同领导朝夕相处，直接为领导服务。

总之，秘书工作就是以领导的工作运转和决策服务为宗旨，在办文、办会、办事等方面从事参谋性、辅助性的工作。

二、秘书工作的内容

秘书工作的内容有广义和狭义两种。广义的秘书工作即秘书部门的工作，也称办公室工作；狭义的秘书工作是指由正式秘书部门的人员所承担的工作，即人们通常所说的秘书业务工作。最典型的秘书工作是指那些历来就被人们公认的、将来也不会有变化的工作，包括文字撰拟工作、文书档案管理、调查研究、会务工作、信访工作、接待工作等等。

各级各类社会组织的秘书工作，因其工作范围或专业性质不同，具体工作内容也存在差别，从总体上讲，可分为三类。

（一）政务性工作

政务性工作是指直接为领导决策（不限于党政机关的政治决策，也包括企业的重大决策）服务的综合性工作，包括调查研究、信息工作、参谋咨询、协调工作、督查工作、建议和提案工作、文字工作。其中调查研究、信息工作主要是决策制定前的准备工作，而协调工作、督查工作则主要是决策实施过程中的辅助工作，参谋咨询和文字工作渗透于领导工作的各个方面，建议和提案工作则是人大、政协、政府办公厅（室）特有的一项政务性工作。

（二）业务性工作

业务性工作是指带有专业性质的常规工作，包括文书处理、档案管理、资料工作、会务工作、信访工作、保密工作、网站（网页）管理、谈判工作、公关工作。其中有一些是传统的秘书业务，如文书档案工作等；有一些是市场经济下条件和信息社会中才出现的新的秘书业务，如公关工作、网站管理等。

（三）事务性工作

事务性工作是指一些专业性不强、主要依靠经验和责任心就能办好的机关具体事务，包括领导日程安排、随从工作、通信联络、接待和礼仪、值班和突发事件处理、机关日常事务的管理。

以上是根据秘书业务工作的主要特点而做的大体划分，实际上大多数工作都兼有其他类别的某些特点。例如，调查研究是一项综合性很强的政务工作，在调查过程中必然要涉及许多具体事务,如开调查会就有会务工作,撰写调查报告又属于公文的撰写,它们无疑又是业务性很强的工作;再如文稿撰拟是专业性很强的一项秘书业务,如果撰写的文稿是决策方案或政策文本,则无疑又具有政务性工作的性质。

秘书部门有时还要完成"临时交办的工作",任何一项"临时交办的工作"都可以归入上述三类中的某一类。例如,领导临时让秘书做一项调查,这属于调查研究;临时要秘书去查找某方面的文献资料,这属于资料工作;临时要秘书去迎接某位外商,这属于接待工作。因此,没有必要将"临时交办的工作"单列为秘书工作的一项内容。

三、秘书工作的特点

(一)政治性

秘书工作,是为现时的领导或领导机构服务的,必然体现领导者的意志和愿望,带有较强的政治性。领导者和领导机关无论是制定决策还是执行决策,都离不开党和国家的方针政策与法律法规。秘书人员在辅助领导办理各项事务时,都涉及如何依照党和国家的方针政策与法律法规贯彻执行的问题。这就决定了秘书工作具有很强的政治性。

秘书工作政治性很强,还因为它在协助现代各级领导机关制定和贯彻各项方针方面负有重要的责任。秘书各方面的工作做好了,才能为领导提供正确的决策方案;才能把正确的方针政策落实、执行;才能充分调动各部门的积极性,推动全局工作顺利开展。如果秘书工作做得不好,就会直接或间接影响领导决策;就会使政策难以贯彻执行;就会使各部门行动难以协调,全局工作无法正常运转。

(二)辅助性

秘书工作是辅助领导进行决策管理和服务领导的工作,因此,辅助性是秘书工作的根本属性和最基本特征。"辅助性"是与"主导性"相对的。从管理系统看,领导班子处于主导地位,属于决策管理中心;秘书机构处于附属地位,是直接协助决策管理中心的辅助机构。也就是说,秘书工作不能脱离领导而独立存在。

秘书工作的辅助性表现在三个方面:其一,所有的现代秘书工作都要围绕领导工作展开,领导工作涉及哪里,它的工作范围就要延伸到哪里;其二,现代秘书人员能参加领导班子的各种会议并共同研究问题,能提出各种解决问题的方案,但只有发言权而无表决权,更无决定权;其三,现代秘书人员在处理任何问题时，只能根据领导的意图和指示的精神办理，不能超越职权范围自作主张，自行其是。

虽然秘书与领导的职位不同，但在辅助其工作时不是站在上一级层次或下一级层次上，而是与领导处于同一层面上。辅助领导的职能不限于秘书机构，如职能机构经常向领导提供资料和建议，但它们多限于该部门的业务范围；下级机构也经常向上级领导反映情况和提出意见，但也仅能从本部门的角度出发，而秘书机构的辅助，则要立足于本单位的全局，要在强烈的战略意识指导下，想领导之所想，急领导之所急，提供全方位、全过程的辅助。

（三）综合性

秘书工作的综合性，是由秘书机构的综合性决定的。

现代秘书机构属于综合性机构，它不像业务部门那样承担具体工作，而是对各职能部门都有所了解，协调它们之间的关系，把它们联系成一个有机的整体，并对整个党政机关或整个企业负责。这就需要站在全局的立场上，时时处处用综合的眼光观察和思考问题，具备较强的综合能力。

秘书工作的综合性，随着现代化管理进程的加快而显得更加突出。现代化管理要求秘书部门协调机关单位内部的各种部门，使它们目标一致，步调整齐，同步运转，逐步建立完备的信息收集、处理和反馈系统，实现信息管理系统化，设想方案，调查论证，供领导参考，并协助领导选择最优方案，求得最佳效果。这些综合性工作，都要秘书去完成。

（四）机要性

秘书工作的机要性，就是指秘书工作的机密性和重要性。秘书部门是最贴近领导中枢的部分，参与各种重大问题的研究，了解机关、单位内外许多重要的情况。其中不少内容在未公布之前都属于机密，因此，秘书工作具有机密性。秘书工作主要是辅助领导、上司进行管理决策和开展公务活动，因为工作需要，秘书必须了解和掌握这些工作内容，甚至在必要的时候，代替领导、上司实施管理和开展公务活动，这就决定了秘书工作的重要性。

秘书工作的机要性要求秘书准确把握所办事务的分寸，既要对各方面工作了如指掌，又要明确哪些是自己需要知道的，哪些是自己不必知道的。知道的内容，要守口如瓶，不必言及的，不多吐露一字，以避免失误和节外生枝。不必知道的，决不好奇、打听，自觉减少失密的可能。不同的秘书工作领域，机要性的特点也有所侧重。党政秘书工作中，涉及路线、方针、政策、法规方面的事务多，工作的机要性也是其政治性、政策性的具体体现。商务秘书的工作中，涉及经济贸易、技术合作的内容多，工作的机要性主要体现在市场情报和技术垄断方面。

（五）事务性

秘书工作的事务性，主要是指秘书和秘书部门是为领导中枢和领导者服务的，这种服务往往体现在对各种事务性工作的处理上。秘书工作的内容非常具体。收发文件，起草文书，打印校对，接听电话，迎来送往，派车买票，安排食宿，都得一件一件去办，而办事又总是与"细""繁""杂""忙"连在一起。现代秘书工作辛苦，与其事务性分不开。

秘书工作的事务性与政治性是对立统一的。从整体上看，秘书工作有很强的政治性，但就局部而言，政治性工作往往或多或少地带有事务性。只有搞好事务性工作，才能使单位领导人从事务中摆脱出来，集中时间和精力想大事，干实事，更高效地进行领导。因此，秘书人员要充分认识事务性工作的意义，不畏繁杂，不嫌琐碎，踏踏实实地做好每件不显眼的工作。

（六）被动性

秘书工作的被动性是由秘书工作的辅助性特点和服务宗旨所决定的。秘书和秘书部门的工作总是围绕着领导中枢和领导者的工作需要而进行的。当然，秘书和秘书部门也有自己的需要独立履行的工作职责，但这种独立履行的工作职责不能背离领导中枢和领导者的工作而按自己的意愿来安排。秘书首先要完成领导交代的工作，其次才是完成其日常的规范性工作。

四、秘书工作的作用

（一）参谋、助手作用

秘书部门和秘书人员经常调查情况，研究政策，向领导提供信息、资料、文件等决策依据；出谋划策，提出工作建议和决策方案，辅助领导进行决策，制订工作计划等，起到参谋作用。

秘书人员直接为领导服务，协助领导处理大量繁杂的常规事务性工作，如安排好机关的全年工作和阶段性工作，为一定时期的中心工作或重要会议、重要活动出主意、当参谋；承担各种日常事务性工作，如接打电话、收发文电、印制公文、管理印章、接待来访等，起着助手的作用。这个作用源于秘书工作的本质特性，任何地方、任何时候都不会改变。

（二）枢纽作用

秘书工作的枢纽作用首先表现在它要做好上情下达、下情上传的工作。及时将领导的意图、指示、决定传达下去，让各职能部门、下属单位和广大干部群众了解和掌握，认真领会和贯彻落实；同时，又要将下面的情况全面、准确、实事求是地反馈上来，尤其要重视反映广大群众的意见、要求、愿望，唯有如此才能使领导的工作具有广泛的群众基础,从而制定出切实可行、行之有效的决策。

秘书工作的枢纽作用还表现在,秘书部门要充分发挥密切各方面关系的纽带和桥梁作用,切实做好各职能部门的协调、平衡工作,使各部门之间形成一种亲密融洽、团结协作的关系,在工作上相互支持,密切配合。

(三)协调作用

秘书部门和秘书人员运用各种工作方式和手段在单位与单位之间、部门与部门之间、个人与个人之间进行联络、沟通、协商、平衡、调解,从而消除隔阂,解决矛盾,统一目标,密切合作,达到最佳工作效果和最高工作效率。协调,可以是政策协调、工作协调,也可以是人际关系协调。

(四)耳目作用

秘书工作的耳目作用是指秘书要充当领导的"眼睛"和"耳朵"。由于秘书处于机关的枢纽位置上,听到、看到、收集到的各种情况较其他职能部门乃至领导的范围要广、数量要多,秘书将了解到的情况和获取的各种信息,经过去伪存真、去粗取精,及时提供给领导,为领导决策提供依据。

(五)门面作用

秘书机构素有"关口""窗口"之称。秘书工作是一个组织与各方面联络、接洽的门面和窗口,反映了这个组织工作作风和领导水平的高低优劣,对于树立组织的良好形象影响很大。秘书人员要增强公关意识,为加强本组织与外界的沟通,树立良好的组织形象发挥自身的作用。

五、秘书工作的原则

(一)保密原则

保密既是对秘书人员的要求,又是秘书工作的原则。秘书经常接触党和国家的文件,经常参加各种会议,经常从领导口中得知一些消息。这些消息有的带程度不同的保密性,而带保密性的文件或消息,往往关系到党和国家的根本利益,泄露出去会给党和国家造成损失,故秘书工作一定要加强保密性。

应该明确的是,保密是做好秘书工作的手段,而不是秘书工作的目的。什么应该保密,什么应该公开,须划清界限,要注意处理好保密与应用的关系,并在实践中妥善地加以解决。

(二)准确原则

准确,是对秘书工作质量的要求,也是提高工作效率的基础。可以说,秘书工作的准确性,在很大程度上保证了领导工作的准确性,保证了机关领导工作的正常运转。

秘书工作的准确性，涉及的方面很多，总的要求是：办文要准，办事要稳，情况要实，主意要慎；切忌丢三落四，粗枝大叶，马马虎虎，心中无数。秘书工作的质量代表着一个机关的面貌。准确是提高质量的基础，也是反对官僚主义、文牍主义作风的有效方法之一。

（三）迅速原则

迅速，是对秘书工作效率的要求，指办文办事讲究时效，做到用最少的时间、最小的花费，取得最佳的结果。秘书工作的迅速原则是由秘书的职业特点决定的。秘书处理工作快慢、效率的高低，往往影响到领导工作的进展，关系到整个工作机器的运转。因此，秘书部门必须科学地组织、安排时间和工作，并尽可能地使用先进技术和设备，加快中转过程，提高办事效率。只有这样，秘书工作才能适应当前改革开放的发展和需要。

（四）实事求是的原则

坚持实事求是是一切工作的原则。这一原则对于秘书工作来说，更有它的特殊意义。因为秘书工作是为领导决策提供依据的，如果在工作中没有坚持实事求是的原则，就可能造成领导工作的失误，甚至会严重损害政府和机关的声誉。因此，实事求是是秘书部门一切工作必须遵循的原则，也是秘书人员必须具备的职业品德。把它贯彻于秘书工作的实践，就是按照事物的规律办事，真实地反映情况。只有这样，才能向领导提供正确决策，才能协助领导避免决策的失误，才算做好了为领导服务的工作。

（五）严谨原则

严谨原则，是对秘书工作的作风要求。从某种意义上说，秘书工作属于事务性工作，要处理好纷繁复杂的、琐碎具体的日常工作。由于秘书工作同领导工作和机关工作密不可分，哪怕是一件微不足道的琐事，如果处理不当，也会对涉及全局的领导工作和机关工作产生不良影响。因此，严密、周详和谨慎是秘书工作要发扬的优良作风。实践表明，粗枝大叶、拖拖拉拉和忘乎所以的人，是绝对做不好秘书工作的。

坚持秘书工作的严谨原则，必须做到：要严密地思考。秘书工作不论巨细，均有"牵一发而动全身"之势，这就需要秘书人员在处理每一件事情之前，多预想几种可能、几种方案、几种后果，尽量做到没有疏漏；要周详地运作。在事务处理的过程中，由于内外部条件的变化，即使事前已经做了严密的思考和准备，也会有始料不及的事情发生，这就需要秘书人员进行周详的安排、周详的组织、周详的协调，尽量做到万无一失；要谨慎地行事。秘书工作的特殊意义和秘书机构的特殊地位，要求秘书人员要格外地谨慎行事，严于律己。不论是待人接物,还是为人处世,特别是与同事相处,都要谦和包容,平易近人,做到谦虚而又谨慎。

六、秘书工作的方法

秘书工作的方法,是秘书人员在工作过程中所采用的途径、方式和手段的总称。秘书人员掌握正确的工作方法,有助于圆满完成任务,提高工作效率,充分发挥秘书的参谋助手作用。

(一) 秘书工作的基本方法

1. 调查方法

调查研究是秘书人员的重要职责之一,它贯穿于秘书人员的各项任务之中,是十分重要的工作方法。因此,要当好秘书,就应努力做好调查研究工作。调查方法包括典型调查法、重点调查法、抽样调查法、个案调查法等。

2. 研究方法

秘书掌握研究方法,可以提高秘书工作的预见性、主动性和创造性,充分发挥秘书工作的参谋作用。常用的研究方法有:比较方法、类比方法、分析方法和综合方法。

3. 参谋方法

秘书的参谋活动,是以秘书人员为主体,以所在管理系统的领导者为对象,以辅助领导者的科学决策与管理为目标,以出谋献策为手段,进而影响领导行为的过程。秘书人员必须坚持参谋原则,摆正自己的位置,做到只谋不断;要有全局观念,站在领导者的角度思考问题,提出建议;要力争超前参谋,避免放"马后炮";要处理好贯彻领导意图与坚持实事求是的关系。在此前提下,采取灵活多样的参谋方法。参谋的具体方法有:随机参谋法、预测参谋法、求同式参谋法和求异式参谋法等。

(二) 秘书工作的常规方法

1. 领会领导意图的方法

正确领会领导意图是秘书发挥参谋助手作用的前提和基础,是提高秘书工作效率和质量的重要保证。

要正确领会领导意图,有以下几种方法。

(1) 从领导近期工作的重点上领会领导意图。

领导近期工作重点是领导者工作意图最为集中的表现,抓住了工作重点,就等于抓住了领导意图的核心,就能与领导工作同步。但领导意图是围绕每个时期的中心工作形成的,具有阶段性和连续性,为此,秘书还必须连续不断地领会领导意图。

（2）从不同角度捕捉和领会领导意图。

一要善于紧紧抓住领导意图的要点与核心,把领导意图同上级指示精神和下级实际情况进行比较分析,做到上下一致、有理有据;二要善于以主要领导人的思想为主线,多方面吸收其他领导人的意见,集思广益,综合归纳,以形成领导集体的意图。

（3）从领导个性特点中领会领导意图。

由于领导各自的性格、能力和工作方式不同,其授意的方法也不尽相同。从授意程度上看,有简洁式的,有详细式的;从授意的内容上看,有观点式的,有素材式的;从授意的方式上看,有直接式的,有间接式的,等等。这就要求秘书人员具有接受和领会不同类型领导意图的本领,适应每一个领导者的特点。

（4）从领导意图的实质上领会领导意图。

领导意图有明示性意图和暗示性意图、确定性意图和非确定性意图。无论哪种领导意图,秘书都要认真贯彻落实。

2. 请示的方法

秘书是领导者的工作助手,必须按领导意图办事,不得擅做主张,更无决策之权,因此,在工作中必须多请示。多请示,是防止秘书工作出现差错和失误的重要保证。秘书在请示时,要注意以下几点。

（1）请示的对象要准确。

秘书的请示工作要遵守对口请示的原则。一般只向分管领导请示有关工作,以避免多头请示和越级请示。对涉及多方面的综合性工作,秘书应向主持全面工作的领导请示,并将有关情况通报其他分管领导。

（2）请示的内容要单一。

请示时既要防止越权行事,又要防止事无巨细,一律请示。秘书请示要尽量做到内容单一,尤其对重要事项须以书面形式请示时,一定要遵守一文一事,不得将多项事务写在同一份请示的公文内。

（3）请示的时机要适当。

一般情况下,秘书请示必须在事前进行,待领导指示或批准后方可行动。只有在特殊情况下,才能采取边做边请示或"先斩后奏"的方法。

（4）请示的形式要灵活。

秘书请示可以是口头请示,也可以是书面请示。一般情况下,重大事项、涉及政策方面的事、需要授权批准的事,秘书要书面请示,领导则应书面批复,以示慎重,并便于日后查证;一般事项、事务性工作,秘书可以口头请示,领导则口头答复。紧急事项,秘书可以先口头请示,得到领导批准后进行办理,事后再补写书面请示,以留档备查。

3. 报告的方法

报告的目的是便于领导了解情况,掌握进程。报告是秘书工作的一项制度,是秘书向领导负责的必要手段,也是领导指导秘书工作的途径之一。对于报告,领导一定要做出答复或批示。秘书在向领导报告时,要注意以下几点。

(1) 报告的内容要客观真实。

秘书向领导报告的内容包括以下几种:一是报告当前工作的情况和进程,让领导及时了解下情并做出指导;二是工作中发生的重大问题,让领导及时做出处理决定;三是应领导的要求汇报有关情况。报告要客观、真实、辨证,切忌大话、空话、假话和绝对化。

(2) 报告的语言要简明扼要。

无论是口头报告还是书面报告,都要主旨明确,言简意赅,以节省领导的时间。冗长而空洞的报告是秘书向领导汇报工作的大忌,这就要求秘书在报告前要做充分准备。

(3) 报告要区分不同对象。

由于领导的职责、能力、文化程度、性格特征和工作习惯等各不相同,对秘书报告工作的要求也不一样。因此,秘书应根据不同领导的要求来汇报。同时,还应处理好主要领导和分管领导的关系。重大事情要向正副职领导都报告;日常事务,只报告分管领导即可。

(4) 报告要选择适宜的时机。

报告要适时,以获得较好的效果。秘书是领导的耳目,诸如群众对领导工作的建议和要求等,秘书有责任如实向领导汇报,但需要恰到好处地掌握时机。秘书是领导的近身人员,报告工作十分方便,但不能任何时间随便去请示报告;即使是必须向领导报告的事项,也要选择时机进行,这样才能取得良好的效果。

(5) 报告的方式要灵活。

秘书向领导报告的方式主要有以下几种:一是口头报告,优点是可以和领导直接进行多方面的双向交流,缺点是可重复性差,受口语表达能力限制较多;二是书面报告,优点是比较正规,便于领导过目和思考,也便于保存备查,缺点是不能与领导当面进行交流。此外还有电话报告等多种形式,秘书可视情况灵活运用。

4. 挡驾的方法

秘书为领导合理挡驾,目的是为领导创造一个良好的工作环境,使领导摆脱不必要的事务干扰,集中时间和精力处理重大问题。挡驾的情形有下列三种。

(1) 来访挡驾。

一般来说,秘书挡驾的对象包括以下几种:领导明确告知秘书不愿接见的人;因鸡毛蒜皮的小事要求领导接见和处理的人;为个人某些问题,三番五次找领导纠缠的人;领导正忙于应付重大事件无暇接待的人;态度蛮横,出言不逊,想找领导寻衅闹事的人;对要求处理的问题,上级或本级机关已有明确、公正的结论,但其对处理不服,要求面见领导的人。对其他来访者不应挡驾,即使需要挡驾,也要待之以礼。

(2) 电话挡驾。

对打到办公室要找领导的电话,秘书应通过内线电话询问领导是否愿接,愿接即转;如不愿接,秘书应告诉对方,领导暂时不能接电话并将电话内容记下,转告领导。对于因领导参加重要会议而暂时不能接的电话,秘书可与对方另约时间通话,或将内容转告。

(3) 事务活动挡驾。

秘书的重要职责是安排领导的事务活动,包括出席会议,参加庆典、仪式或宴请活动等。在征得领导的同意和批准后,秘书应对领导不必要参加的应酬活动挡驾,避免浪费领导时间。

5. 协调方法

从本质上讲,协调就是解决矛盾。通过协调,淡化矛盾,调和矛盾,最终解决矛盾。协调方法是指为达到协调目的所采取的有条理、可因循的措施和办法。根据矛盾的不同,采取的具体协调方法也不尽相同。如果出现小矛盾,一般采取沟通协调方法;因为非原则问题而各执一词,采取变通协调方法;如果局部存在利益冲突,就要采取融合协调方法;如果矛盾涉及几个部门,就要采取会商协调方法。

6. 督促检查的方法

督促检查工作的具体范围包括以下几方面:上级组织交办的要求汇报的事项,本组织的领导批示及会议决定的事项,本组织制发的文件贯彻落实情况、下级请示的办理情况以及下级要求帮助解决的有关事项,新闻单位披露的或人民群众反映的有关本组织工作上存在的问题或要求核查的问题,各信息渠道反映的有关本组织中出现的重要问题,等等。

秘书开展督查工作的方法主要有以下几种。

(1)时效性较强的要及时催办。急件要跟踪催办。可采取电话催促,询问情况,了解进度和办理中的问题。

(2)时限性长的要分阶段催办。工作的中长期规划,要采取年初分解立项,季度或半年分阶段催办,年终综合催办、评估等方式,定期督促检查。

(3)涉及多部门的项目要联合催办。凡涉及面广,或问题复杂,或意见分歧大,或跨几个部门的督查事项,可以由督促检查部门或者归口单位负责,会同有关部门联合研究,共同完成督查任务。

(4)难点问题要上门催办。

(5)涉及基层的事项依靠督查网络催办。

7. 信息沟通的方法

信息沟通是领导进行决策与管理的重要职能,也是实现科学决策与有效管理的重要手段。与领导沟通,要把握沟通的内容、时机、对象、场合、形式。与职能部门沟通,一般以正式的组织信息沟通渠道为依托,定期沟通与不定期沟通相结合。

秘书人员经常采用的沟通形式主要有口头沟通、书面沟通和手势沟通等。口头沟通是信息沟通的主要形式,即以说话的方式,把信息变成言语进行传递和反馈,如交谈、对话、发言、演讲、打电话等。书面沟通就是用文字、符号、图表、数字等书面形式进行的信息传递与反馈,如文件、简报、报表、报纸、杂志、书籍和文献资料,以及各种信件、电报等。手势沟通就是用表情、动作等非言语手段进行的信息传递与反馈,它是秘书人员在与领导和其他社会成员的交往中不可缺少的一种沟通形式。手势沟通是口头沟通的重要辅助形式,具有明显的暗示性特点,能起到强化口头沟通的作用。

8. 工作进程调度方法

秘书在为领导工作服务中,总体上处于辅助和被动地位,而且工作的范围广泛,事务繁杂。如果调度无方,穷于应付,就会陷入忙乱,忙中出错,更会影响工作的质量和效率;若调度有方,合理安排,就能变被动为主动,确保工作忙而不乱,忙中有序,促进工作质量和效率的提高。秘书工作进程调度常用的方法有以下几种。

(1)ABC分类处理方法。

对于繁杂的工作任务,可以按照轻重缓急的程度分类排列办理顺序。将要事、急事列为A类,优先办理;将重要但不急办的事项列为B类;将一般性事务和可暂缓办理的事项列为 C 类,可在时间比较充裕时办理。这样,就可主动安排办理顺序,在被动接受任务后,具有完成任务的主动性,避免耽误要事、急事,确保各项工作保质保量地在规定的时限内完成。

(2) 集中办理与分段进行相结合的方法。

在秘书工作实践中,由于事务繁杂,往往是一件事尚未处理完毕,后面的事情又接踵而来。若处置不当,一些事务就会被半途搁置甚至前功尽弃,或者工作脱节,影响工作的连续性和稳定性。为避免此类现象的发生,可采取集中办理与分段进行相结合的方法。

采用此种方法,秘书应首先集中精力,在保证质量的前提下,高效率地办完手中事务。若遇有工作量大、进展程序较长的任务在办理中出现暂停而必须处理其他问题时,应将未完成的事项先记下工作要点,待临时出现的事务处理后,迅速按工作要点完成之前未完成的事,以确保工作的连续性和完整性。同时,还要尽可能做到在一天内能够办理完毕的事情,不要拖到第二天办理,第二天便能主动地迎接新任务。

(3) 统筹计划法。

对于筹备大中型重要会议、组织大型课题调研活动、筹备重大庆典等规模大、内容复杂、参与人员多、整体协调配合要求很高的秘书工作任务,可采取统筹计划法。

采用统筹计划法,可用统筹计划安排表格或网络图的形式,将任务的各项事务、项目、进程的时间要求、质量要求、操办人、督导人等,依照顺序进行统筹计划,全面安排,以便协调控制,跟踪监督检查,确保工作有序进行,圆满完成任务。

运用统筹计划法,一是要注重任务控制,将所有具体的事项一一列出,全面安排,责任到人,落到实处,不能有遗漏;二是要注重质量控制,对每项具体事务都要提出明确的要求,并由相关负责人督导,确保工作质量;三是要注重时间控制,要求每项事务、每个环节都必须按预定时间完成,严格控制完成任务的进度和时限。

9. 工作时间管理的方法

秘书工作面广量大,需要投入大量的时间和精力,而秘书的时间资源又是有限的,这样就会出现繁重工作和有限时间资源之间的矛盾,以致许多秘书再怎么加班工作还是觉得时间不够用。下面的方法会对秘书提高时间利用效率有所帮助。

(1) 制订时间计划。

秘书的工作时间既然宝贵,那么就要在时间资源的使用上,做到有计划、定标准、定量使用。秘书的时间计划应当按天、按周、按月、按年制订,在实践中逐步积累经验,经常调整和更新,使其能不断地适应秘书工作的需要。

(2) 合理使用空余时间。

空余时间有两种:一种是不可预见的空余时间,事前没有思想准备;另一种是可预见的空余时间,如公务出差的候机(车)时间,等待会谈代表到来的时间等。在工作实践中,秘书要充分利用这些时间来思考问题、阅读报刊、整理文件、处理一些琐碎事务,这样就可以腾出整块的时间来集中精力处理较大的事务,以提高工作效率。

10. 特殊情况下变通的方法

通常情况下,秘书必须按章办事,但在特殊情况下,秘书可采用变通方法,灵活从事。重大、紧急的事情,可越级请示,甚至先处理再报告。对新情况、新问题,在无章可循、领导又没有明确的指示时,秘书可参照有关政策,做出合乎情理的处理。

案例分析

案例一

秘书小黄的困惑

毕业于某名牌大学的小黄幸运地被一家大型中外合资企业录用了,职位是部门经理秘书。她想象的工作应该是:在电脑桌前熟练地进行操作,用流利的英文书写商业信函,甚至陪同经理参加商务活动。她幻想着这样的工作既轻松又不至于无聊,自己学的东西还能用得上,她很满意。可当她兴冲冲地赶到办公室报到后,经理看了她一眼,就对她说:"黄小姐,请你先把办公室打扫一下,房间有些脏乱。"收拾完办公室,刚想回到座位,经理又说:"黄小姐,麻烦你帮我倒杯水。"接下来,经理又吩咐她做了很多琐碎的事:发传真、购买打印纸、复印资料……一天下来,小黄做的事情倒是不少,但都是琐事,与她想象的完全不同。接下来的几天,天天如此。小黄开始困惑了:这是经理秘书应该做的事情吗?

小黄的困惑说明了什么?秘书工作的内容和特点是什么?

案例二

越级请示的麻烦

T公司的行政部秘书小李上任时间不久,就遇到了麻烦事。公司的孔副总经理这几天出差,临走前叮嘱小李,如果Y公司来函就立即将内容告诉他。第二天,小李果然收到这家公司的公函,说正在与孔副总经理洽谈的一个为期3年的合作项目,因T公司提出的条件太苛刻,对方将考虑取消合作意向。看完来函后,小李立即用电话向孔副总经理做了汇报并请示如何处理。孔副总经理表示等他回来后再说。由于对方是一家名气颇大的企业,而且这一合作项目对T公司的发展很重要,小李觉得事关重大,便又将此函转给了田总经理,并请示如何处理。田总经理看了对方的来函后,埋怨孔副总经理工作缺乏灵活性,当即指示小李回函接受对方的条件。小李回到办公室正要动手起草回函,又觉得应当把总经理的决定先告诉孔副总经理,听听他的意见。孔副总经理在电话中听了汇报后,对小李大发雷霆,说对方来函只是一种谈判策略,他完全有把握谈成这个项目,现在既然总经理管了,那就让总经理去管吧,他今后不再插手,然后愤怒地挂了电话。小李提着电话半晌回不过神儿来,后悔不该向总经理汇报,弄得自己左右为难。

根据上述材料,讨论如何正确把握向领导请示的方法。

本章小结

本章论述了秘书的含义、类型、职业化进程,秘书的职业特征,秘书学的含义、性质与研究对象,秘书学与相关学科的关系,秘书工作的原则和方法等相关内容。通过对秘书职业化进程的论述,我们从五个方面阐释了秘书的职业特征。从秘书人员在执行工作任务时所采用的途径、方式和手段来看,秘书工作的方法可分为基本方法和常规方法。

复习思考题

1. 秘书的含义是什么?现代秘书有哪些种类?
2. 简述秘书的职业特征。
3. 简述秘书学的性质与研究对象。
4. 简述秘书学与管理学、行政学和领导科学的关系。

5. 秘书工作的原则有哪些？

6. 试述请示的方法。

7. 用 Word 文件制作一份人事档案表格，用 Excel 文件制作一份工资表格，演示为这两份文件加密。

项目实训

一、实训目标

通过实训，学生应了解掌握上司的意图，并能够为之提供真实有用的资料信息。

二、实训背景

带泥的洋葱[①]

一天，我的美国老板坐车路过一个小菜市场，看见路边小蔬菜店门口摆着一堆新鲜的洋葱。洋葱的皮晒得红红的，上边还沾着泥巴。老板的父亲是个农场主，老板小时候跟父亲种过洋葱。他来中国这么久了，还是第一次看到那么新鲜的洋葱，所以感到很亲切。回到办公室以后，他让秘书派人去给他买几个洋葱回来。可是，当秘书把洋葱放到他办公桌上的时候，那几个洋葱只剩下中间的那一点小芯儿了。这是为什么呢？原来总务科的办事员将洋葱买回来之后，马上放在水龙头下把洋葱上面的泥巴洗掉了；办事员把洋葱交给总务科科长后，科长又把洋葱外面的几层粗皮给剥掉了；总务科科长把洋葱交给秘书后，秘书又把洋葱上的红皮剥掉了。洋葱虽然还是那几个洋葱，但早已不是老板当初想要的那种洋葱了。所以，老板当时就把秘书狠狠地训斥了一顿。

老板为什么要训斥秘书？这是因为秘书在不了解老板的真实意图的情况下，自作主张，自行其是，把老板真正想要的东西给弄丢了。所以，秘书在完成领导交办的任务之前，一定要弄清领导的真正意图，这样才能圆满地完成领导交办的任务。

三、实训内容

了解上司的真实意图，为之提供原生态的、真实有用的资料信息。

---

① 谭一平：《一个外企女秘书的日记》，学苑出版社 2003 年版。

四、实训要求

1. 本实训拟安排在综合实训室进行。
2. 实训分小组进行,每组五个人。
3. 按所给的背景资料分别扮演不同的角色,体验各个角色的不同感受,揣度上司的真实意图与要求,为上司收集真实有用的资料信息。

第二章 秘书机构

本章提要

秘书职能是秘书工作的任务和功能的统称。合理地划分秘书职能,是秘书机构设置的重要内容。掌握、了解秘书机构诸要素(机构设置、职责分工)的逻辑关系,可有效实现秘书工作目标,履行秘书工作职责,使秘书工作适应现代经济发展和领导工作智能化的需要。

本章学习目标

- 理解秘书机构的运行机制
- 能够正确评析秘书职能

第一节 秘书机构的设置

引导案例 2-1

习近平：秘书工作的风范——与地县办公室干部谈心

一、秘书机构概述

秘书机构即秘书部门，是秘书人员工作的地方，也是秘书群体和个体活动的组织形式。我国的秘书机构有广义与狭义之分。广义的秘书机构是指处于机关单位综合枢纽地位，直接隶属于机关首长，全面辅助领导机关，为领导工作和机关工作服务的办公部门。一般来说，秘书机构在高层称为办公厅，在基层称为办公室，包括其下属的秘书、文书、机要、信息、调研、协调、督查、信访、接待、值班等部门。

狭义的秘书机构是指各级办公厅（室）中专门从事辅助机关单位及其负责人办理秘书业务的，以领导工作为直接服务对象，以文牍性、机要性工作为主要任务，往往以"秘书"直接命名的办公机构，如办公厅（室）中的秘书处（科）等。

秘书机构作为各级党政机关、企事业单位的内设机构，其地位和功能与职能部门有所不同。职能部门是分工专管某项业务的工作部门或单位。每一职能部门担负着机关职能的一部分，如组织、人事、保卫、宣传、财务等。秘书机构虽然不承担某一项具体的业务工作，但有些无法分解到具体业务部门的工作，如在全局范围内根据领导指示提供的服务、人事沟通、综合协调等事务，都要由秘书机构承担。而且，它所处的枢纽地位使它成为除机关领导人之外唯一了解全面情况的机构。正因为秘书机构能从组织系统的整体利益出发，所以它能对各职能部门的行动进行调节，把各部门的工作有机地联系在一起，从而提高组织系统的整体效能。从这个意义上说，秘书机构已经超越了各职能部门的业务职责而有了全局意义。

由于秘书机构具有承上启下、联系左右、沟通各方的枢纽作用,所以科学、合理地设置秘书机构十分重要。

二、秘书机构的设置原则

1951年7月26日,我国中央人民政府政务院根据第一次全国秘书长会议做出的《政务院关于各级政府机关秘书长和不设秘书长的办公厅主任的工作任务和秘书工作机构的决定》,对政府机关秘书机构的设置做出了明确的规定:"秘书工作机构应根据精简原则,尽量减少层次。办公厅,一般可分为两层,最多不超过三层。组织结构可适当向横的方向发展,条件许可时,可把秘书业务、研究工作、机关事务管理工作划分开来","尽量减少事务人员,充实业务部门,以达精简节约提高工作效能的目的"。六十多年过去了,以上原则的基本精神依然没有过时。但是,随着我国行政管理体制改革的加快和社会主义市场经济体制的建立,随着决策科学化和管理现代化的不断推进,领导者对秘书工作的要求也发生了巨大变化。秘书机构的设置原则要顺应时代的新要求。

(一)适应性原则

所谓适应性原则,是指秘书机构的设置必须适应领导工作和机关管理的实际需要。这是秘书机构设置的总原则。秘书机构的规模大小、人员多少等都取决于不同机关、单位的职级高低及其工作需求,还要因时、因地、因条件而异,并具有一定的弹性。

(1)一个机关或单位必须根据实际需要决定是否设立秘书机构。由于具有法人资格的独立单位需要经常对外交往与联系,所以独立单位必须设置秘书机构。而非法人单位,例如一所大学的教务处,则不一定设立办公室,根据工作需要配备一名秘书即可。

(2)一个机关是否只设置一个秘书机构(一般就是办公厅或办公室),应该根据领导工作的需要来确定。在比较高层的机关或大型国有企事业单位,因为制定大政方针政策的需要,一般设置独立于办公厅的政策研究室,有的还设置独立于办公厅的信访办,而县级以下机关和一般企事业单位,不必另设政策研究室或信访办。

(3)秘书机构的内部层次和人员编制应根据实际需要决定。例如,中央机关办公厅可设厅、局、处、科四层机构,省辖市的办公室则只需设室、科两层机构。秘书机构的规模大小、人员多少,是否设副职主管以及需要几位副职主管,都取决于机关、单位领导工作的需要,而不能仅仅根据领导者个人的意愿随意设置。

（二）精简原则

所谓精简原则，是指秘书机构必须精简，目的是提高运转效率。秘书机构的设置，必须在适应领导工作需要的前提下，尽量精简人员，减少机构数量和内部层次。受"人多力量大"的传统思想影响，有些人认为，既然秘书机构任务繁重，就应该增加编制。其实不然，过多的办事人员会降低办事效率，尾大不掉。自1990年以来，我国行政机关进行了以转变职能为中心的机构改革，机关人浮于事的现象有所好转，机关的办事效率得到进一步提高。

在民营企业中，由于追求利润最大化和成本最小化，它们在设置秘书机构时会自觉地贯彻精简的原则。

（三）高效原则

所谓高效原则，是指秘书机构的设置，力求高效办事。要实现高效，必须注重秘书机构的群体优化，充分发挥秘书机构的整体效能，有效利用所有资源。

（四）相对稳定原则

所谓稳定原则，是指秘书机构一旦建立起来，就应当保持相对稳定的状态。虽然机构改革必然导致机构的变动，但根据实际需要建立起来的秘书机构，必须在稳定的状态下才能充分发挥作用。那些按照主要领导的人事变动而调整秘书机构的做法是很不严肃的。

三、秘书机构的组织形式

秘书机构的组织形式分为两种：分理制和综理制。

分理制指秘书机构下面再分设部门以处理各种不同的秘书工作。中央的秘书机构称"办公厅"，如中共中央办公厅、国务院办公厅等。这类办公厅属部级机构，采用分理制，如国务院办公厅下设秘书局、机要局、信访局等。

综理制是指所有秘书工作由办公厅或办公室统一或分派人员办理，下面不再分设部门。这适用于市县政府和大多数的企事业单位，即秘书工作量不太大的机关或单位。

四、秘书机构的具体组织形式

秘书机构的具体组织形式是根据工作的实际需要而确定的。影响秘书机构组织形式的主要因素是机关单位的性质和规模。

（一）行政机关的秘书机构

行政机关主要指党政机关、部分事业单位以及采取行政管理方式的职能机构。在我国，党政机关分为五个管理层级，秘书机构也相应地分为五个层次。

中央机关设办公厅,中共中央办公厅设正、副主任为负责人,不设秘书长;国务院办公厅由正、副秘书长负责,不设办公厅主任。办公厅下设部门为局。

各省(自治区、直辖市)及中央各部委设办公厅,下设部门为处。

各市及省、自治区、直辖市所属各厅、委设办公室,下设部门为科。

各县及市属各局、委设办公室,县级机关办公室的下设部门为股,而市属局、委的办公室大多不设下属部门。

秘书机构的下设部门数量不一,如市委办公室一般设秘书科、机要科、综合科、督办科,有的还设接待科。市和市级以上的政府机关,一般都设秘书长,秘书长的职责是总领整个机关的秘书工作。

有些级别较低的机关(如地级市的区以及乡镇),大多采取党委办公室和政府办公室合署办公的形式。而有些单位的办公室则不完全是秘书机构,如党委办公室不仅要承担办公室的职责,而且要承担组织工作、宣传工作、统战工作,甚至连工会、共青团的工作也归入其中,只有内部的工作人员才有专职的分工。

(二)公司企业的秘书机构

公司企业的秘书机构是公司企业内部的行政管理机构,也是在经理、厂长领导之下设置的履行辅助管理、综合服务职责的综合机构。由于公司企业的不同,秘书部门的设置也多种多样。归纳起来,大体有四种形式。

1. 综合性的秘书机构

这类秘书机构多是在国有大中型企业、国有公司等带有行政机关管理特色的公司、工矿企业和商业企业,也是企业为减少非生产性人员,克服分工过细的弊病所设置的"一揽子"秘书部门。其特点是秘书机构对领导中枢集体负责,全面掌管单位内部行政管理事务,同时负责对外宣传、联络、开展公共关系事务,甚至涉及辅助业务领导的工作。为经理、厂长个人配备的秘书,也同时隶属于综合性秘书机构。这类秘书机构多被称为"公司办公室""集团办公室"。

2. 职能性的秘书机构

这类秘书机构多是在公司企业作为行政办公室,与营销办公室、技术办公室等并立。这类秘书机构的工作比较集中,主要担负单位内部行政事务和其他事务性、临时性的工作任务,包括协调各个职能部门之间的关系。有时也需要与其他部门合作展开工作,比如与营销办公室和公关外联部携手举办企业对外的公关宣传活动等。这类秘书机构也称为"经理办公室""厂长办公室"或"行政办公室"。

3. 专业性的秘书机构

这主要指人员设置比较少的秘书部门。这类秘书机构一般设置在人员规模比较小的公司企业中,被称为"文秘室""值班室",主要负责单位文书信函的撰写制发,管理文件档案,筹办会议,接打电话,接待来客以及单位领导临时交办的各种工作。

4. 由一两名秘书承担的秘书办公室

这类情况多存在于不设秘书部门的单位内。这类公司企业规模更小,因此只设一个值班秘书的办公席位,有的称为"前台",有的定位为"总经理秘书"。尽管单位规模小,但是工作所涉及的范围不小,秘书一般要求全时在岗,负责电话接听、文电处理、文案制作、会议事务、来客接待等。

(三)股份制企业集团中的秘书机构

我国的股份制企业实行的是董事会领导下的经理负责制,是独立的经营实体,要求企业产权明晰、权责明确、政企分开、管理科学。所以,股份制企业秘书机构的设置,遵循分级分类管理、精简合理高效、整体效益的原则,在工作中仍然具备辅助管理、综合服务的基本职能。股份制企业的机构设置以及其中的秘书部门见图2-1。

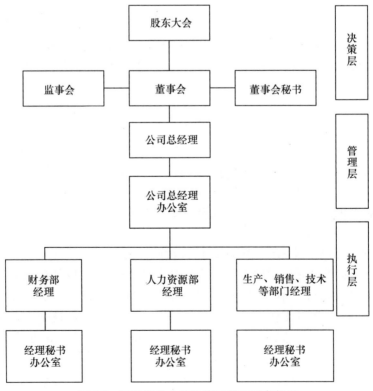

图2-1 股份制企业的机构设置及秘书部门

股份制企业的最高权力机构是股东大会。股东大会和董事会是决策层。在这一层次,一般不设秘书部门。在董事会机构中设置的董事会秘书,是公司的高级管理人员。董事会秘书主要负责董事之间的信息传递与沟通,负责公司业务活动的初步策划并且在董事会层次斡旋,主要对董事会负责。在上市公司,董事会秘书除负责董事会层次的秘书工作外,还要承担公司与证交所的联络沟通,按有关规则办理公司的股权与信息披露事务。证交所对上市公司的董事会秘书在任职资格、职业纪律、职责、审核任用办法等方面都有明确规定。因此,股份制企业的董事会秘书身份比较特殊。

总经理是董事会任命的公司最高管理者,也称首席执行官(chief executive official,简称 CEO)。董事长、总经理是管理层。总经理办公室负责公司的秘书事务,是股份制企业中最高常设秘书部门,一般直接对总经理以及各位副总经理负责。股份制企业的总经理、副总经理一般会配备助理,总经理助理是主要对总经理负责的秘书,一般不隶属于总经理办公室。有的公司总经理助理由办公室主任兼任。总经理办公室的工作主要是按照领导授意处理公司的文件信函、组织公司会议、掌管公司文书档案、接待和安排来客与领导的约见以及电话传真往来业务。在不另设公关部的公司,秘书部门同时负责公关事务和对外联络工作。

股份制公司的组织机构是在总经理之下由各个职能总监负责的各事业部,其中不可或缺的是财务部和人力资源部。其他部门因公司的业务不同而设置不同,比如有的设置生产部、技术部、销售部等,有的设置项目策划部、开发部,有的设置公共关系部。在这些事业部中,部门经理的助理也称秘书,有专设的,也有由部门内职员兼任的。

由此分析,股份制公司企业的秘书机构主要是指总经理办公室。各事业部不另设秘书部门,但可能设专职秘书人员。

(四)临时性秘书机构

临时性秘书机构是指举办大型活动或联合召开大型会议时所设置的非常设性秘书机构,往往采用"秘书处"或"秘书组"的名称,有时也采用"办公室"这一名称。临时性的秘书机构通常视会议规模的大小和工作的多少选择采用综理制还是分理制。

五、秘书机构的运行机制

秘书机构的运行机制有两个前提,即人类组织结构的等级性和组织运行中的程序本位性。因此,秘书机构的运行机制有三个方面的主要特征。

（一）内在并行性

社会作为一个高度发展的有机系统，必然由核心和边缘两部分组成，核心即组织的主要领导。对复杂和庞大的组织而言，其核心也必然要分化为"领导"和"秘书"两个功能模块，从而实施指挥、协调、控制功能，以提高领导决策效率和决策水平。

秘书进行的调查研究、信访接待、整理文件、搜集信息、督办跟踪等，都是充任领导感觉器的功能。在信息"爆炸"的时代，秘书必须充当领导感觉的过滤器，筛除低质量的信息，服务于中心工作，并为领导决策提供有效的信息。而秘书谏言献策、研究政策、拟办文件、起草公文、代拟讲话稿等，则往往在一定程度上影响领导的决策。秘书这些行为实质上已经融入领导行为，所以秘书必须设身处地站在全局的高度上，为领导谏言献策，提出好的建议意见，客观冷静地考量和处理各种问题。美国管理学界形象而贴切地称秘书为领导的"外脑"，是相当有道理的。

秘书收发文件和立卷归档等档案工作，消除了原来信息储存工作的盲目性及领导决策之间接口的不匹配性而造成的瓶颈，促进了秘书机构对领导的适应性，并且由于信息的分布储存与储存处理合二为一，可以有效地弥补领导—秘书系统中部分失效的情况。

秘书传达、催办、查办和督办领导决策和意见的执行情况，使领导的意图客观化，成为发挥指导作用的社会实践。秘书作为辅助领导的角色，全面扩展了领导处理公共事务、管理组织的能力，增强了领导的大脑和四肢。可以说，组织的复杂性和效率与秘书机构的发展密切相关。目前，领导的决策有时到了下边就被"对策"抵消了，这和秘书的执行机制落实不到位有直接关系。

（二）自我平衡性

秘书机构作为一个社会系统有维持其模式的自我平衡机制。秘书机构古今中外普遍而长久存续，虽然历经社会发展、经济关系变化、政权更迭、法律和政治及道德的演变，以及秘书机构自身目的和结构的变化等，但最终都被引导到预先存在的通道中，这从事实上说明了它的自我平衡性。

在中国历史上，秘书机构虽然名目多变，但职能是一脉相承的。新中国成立以后，在国务院几次机构改革实践中，许多部委几经存废，而国务院办公厅一直岿然不动，并且其内部机构的变动也非常小。

（三）组织有序性

秘书机构从古至今，经历了由小到大、由简单到复杂的过程，但这种演化并不是盲目无序的，而是逐渐地、有选择地进化的，具有充分的组织性和有序性。

党政机关的秘书机构是由政策研究、公文处理、机关事务处理等系列组成的,这种结构上的分化为其发展提供了"肌体"条件。秘书机构的进化,同时也表现了它的目的性和适应性。例如,在中国古代社会,君主们总是在集权和分权之间徘徊。从贤主的传统"神话"和个人欲望出发,君主不断发展各种集权技巧,主要是对近臣、宦官的倚重,而社会的复杂化和分工细化,又使文官集团尤其是地方官吏主张分权,不断施实"清君侧"的谋略。而秘书机构的发展在于维持二者之间的"生态平衡",同时我们也必须认识到,这种平衡是动态的、相对的,这也是进化的另一层含义。在计划经济体制下,秘书机构的主要职能是参与制订和执行各种具体而繁杂的计划;而在市场经济条件下,政府越来越倾向于"守夜人"的角色,秘书机构则越来越显现出其权变性,这就对秘书人员的法律素质和市场经济的理论素养要求越来越高。

第二节 秘书的工作职能

引导案例2-2

社科院研究员:我国个别秘书干政问题比较严重

一、秘书的辅助管理职能

辅助管理是新时期管理活动赋予秘书的一项基本职能,也是秘书职能的本质特征。秘书辅助管理职能贯穿于管理活动的全过程,即获取信息、发现问题、提出建议、贯彻执行、监督检查、反馈情况,秘书在整个过程中起到了充分的辅助管理作用。

(一)辅助获取并利用信息

1. 获取并利用信息

在实践工作中,领导者由于工作繁忙,往往很难做到全面地获取和利用信息。对此,秘书要注重在以下几方面做好参谋辅助。

（1）在获取信息方向上参谋辅助。

① 分析信息本质，不为假象蒙蔽。信息在获取的过程中往往会被一些假象所遮掩。在获取原始信息时"晕轮效应"或"首因效应"会使我们不能真正认识事物的本质属性，而根据表象信息做出决策，那么执行的结果肯定是要失败的，所以秘书必须做好信息的去伪存真工作。

② 提供客观信息，保证领导科学决策。有时候，领导会在功利心的驱动下，明知不可行，却偏要反其道而"强为之"。所以，秘书必须实事求是地为领导提供客观的信息，尽量避免领导决策失误。

秘书在获取并为领导提供信息的过程中，必须保持清醒的头脑，深入实际进行调查，并客观地对所掌握的信息进行分析研究，抓住事物的本质，进而使领导做出科学的决策。

（2）在扩大信息量上参谋辅助。

① 秘书在信息的收集过程中，要重点把握最新的动态和数据，并有选择地对本机关或单位有用的信息进行摘录或加工，然后在适当的时机提供给领导，使之在精要的阅读中扩大信息量。

② 秘书在广泛的调查研究中，要牢牢把握事物的发展变化，并对事物变化的信息进行动态处理，编写针对性强的"信息快报"供领导阅知。

（3）在优化信息结构上参谋辅助。

若发现信息结构不合理，秘书一方面要获取并及时提供所短缺的信息，另一方面应提醒领导重视信息结构不合理现象，建议采取措施优化信息结构，如采取多种形式的调查研究等有效手段，确保信息有一个科学合理的结构和比例，以满足科学管理的需要。

2. 排除信息干扰

各种形式的信息干扰是造成领导和管理工作失误的重要原因。秘书有责任协助领导排除来自各方面的信息干扰。

（1）排除思想障碍造成的干扰。

秘书除了及时补给短缺的信息外，应特别重视排除障碍，让领导获得更多接触真实信息的机会，在真与假、实与虚、全面与片面等方面信息的比较中，帮助领导从认识上排除思想障碍所造成的信息干扰。

（2）排除感情障碍造成的干扰。

交流双方的感情过于密切，就会产生"爱屋及乌"的感情障碍。领导偏爱某一方却疏远另一方，就可能造成其在接受信息时产生偏差。秘书要通过真实准确的信息证明那些被疏远甚至被怀疑者所提供的信息的正确性。这样就能逐步协助领导排除由感情障碍造成的接受信息形式的干扰。

（3）排除利益冲突造成的干扰。

上下级之间、干群之间、组织与个人之间、组织与组织之间以及个人与个人之间，在某种情况下都可能出现利益冲突，这些冲突势必会干扰信息的准确获取。秘书应协助领导协调各方面的利益冲突，在根本利益和长远利益一致的前提下，加强沟通与协调，加深理解与合作，创造和谐的气氛，协商解决问题，尽量消除因各自为政而产生的信息干扰。

（4）排除时空因素造成的干扰。

秘书应协助领导精简会议和文件，摆脱事务应酬和文山会海，把时间和精力集中到深入实际的工作中去。这样能有效地使领导的工作效率和效益得到大幅度提高。

（二）秘书辅助决策

1. 决策准备阶段

从领导者产生决策意向开始，秘书的参谋辅助就可同步进行。在准备阶段，秘书可协助领导者做好以下工作。

（1）做出某项决策是否必须和应该。

① 协助分析某项决策的重要性和必要性，主要看该项决策是否是本单位、本组织的关键和要害问题。在此基础上，深入分析问题的性质、成因及影响范围，并做出准确的判断。

② 从权责与法规的角度分析某项决策是否在本组织的领导的权责范围内，是否与国家方针、政策、法规相悖，是否与上级、相关职能部门及本机关的其他决策有冲突。

（2）决策前的信息是否全面和真实。

协助领导考量决策前获取的信息是否有价值，是否存在以偏概全与以假乱真的信息干扰，还有哪些重要参考资料尚未掌握，应到何处去寻求这些资料等，都是秘书应做的工作。

（3）某项决策在何时做出最恰当。

秘书需要协助领导审时度势，看某项决策是否已经具备条件，把握事物发展规律，抓住时机，适时决策，取得事业发展的主动权。

（4）看决策目标是否有实现的可能。

这也就是看决策目标通过努力是否有实现的可能。问题的解决当然是越彻底越好、越迅速越好，目标当然也是越高越好，但需要受制于可能，因此，决策目标的确定应当立足于现实可能的基础。

(5) 看决策内容是否规范和系统。

① 决策内容的规范性包括据以决策的信息是否真实、准确和全面,决策的程序是否规范、科学、合理,决策的目标是否切合实际,决策的执行是否完善和可操作,执行的监控是否严谨规范。

② 决策内容的系统性,就是看该决策在单位和组织的整体中所产生的综合效应及对眼下和将来的影响。任何事物总是相互联系、相互渗透、相互影响、相互制约的,决策更是牵一发而动全身,因此任何决策都得对其整体与局部、内部条件与外部环境、当前利益和长远利益、主要目标和次要目标进行综合分析,全方位考虑其综合影响,使决策在系统中起到有益的促进作用。

(6) 预测此项决策所取得的预期效果。

决策是规划未来、影响未来工作的决断。要使决策正确可行,必须对决策对象未来发展做出科学的预测。对未来发展做出正确的判断将决定决策目标实现的程度。秘书辅助预测的预期效果,就是要协助领导者思考决策意向与客观环境条件是否相符,为了获取满意的预期效果有哪些途径可供选择,怎样的途径是最为满意的选择等,依此冷静地判断实现决策目标的可能性和可行性。

2. 决策形成阶段

在决策形成阶段,秘书可以在许多方面进行参谋辅助。

(1) 进行创新思维,设计新的方案供决策者选择。

(2) 综合来自各方面的意见和建议,形成系统的可供选择的方案。

(3) 按领导意图开展专家咨询活动,并将专家意见、建议吸纳到有关决策方案中去。

(4) 征求部门和群众对初选方案的意见,并根据各方面的意见进行修改。

(5) 对重大决策的初定方案,秘书往往还应伴随领导到基层进行小规模试验、蹲点探索,取得成功经验后,再由点到面进行推广。

(6) 对各种可供选择的方案进行一一对应比较,比较其投入成本和产出效益,比较其风险值与效益值,比较其科学性、合理性、可行性和可接受性等。

3. 决策实施阶段

决策必须通过有效的实施,才能将设想变成现实。

(1) 影响决策目标无法实现的因素。

① 认识上的误差。由于学识和阅历的差异,执行者对领导者所做的决策在认知上存在差异,执行中可能出现偏差,因而有可能达不到预期效果。

② 意识上的差异。方案的执行有可能损害执行者自身的既得利益,因此执行者有意曲解执行目标或有选择性地执行,对决策指令或各取所需,或消极抵

触,或拖延执行,从而无法达到预期目标。

③ 方案本身的误差。由于信息不全、情况不明等,决策方案本身就不完善,所以执行结果无法达到预期目标。

④ 执行体系的弊端。执行体系的构建可能存在问题,系统内各有关部门分工不明,职责不清,相互不配合、不支持、推诿扯皮,就会严重妨碍决策指令的顺利执行,无法达到预期目标。

(2) 秘书在决策实施阶段的辅助作用。

① 对谋求认识的促进辅助。秘书通过办文、办会、办事和信息沟通,一旦发现执行者对决策不理解,甚至误解或有偏见,可以立即进行宣传和疏导。更重要的是,秘书可以建议领导对政策中容易产生疑点、误解和歧义之处,加大宣传力度,以便尽快获得执行者对政策的认同。

② 对行为失范的防范辅助。秘书通过督促检查,发现执行者中有恶意曲解或拖延执行及有选择性执行等行为失范现象,要及时反馈领导,采取有效措施,协助领导防患于未然。

③ 对纠正偏差的补救辅助。秘书在协助领导执行决策的过程中,如发现方案有偏差,要及时深入分析其原因,迅速采取有效的补救方案,保证决策继续执行。

④ 对运行失调的协调辅助。秘书通过督办检查,如发现执行机构设置不合理,部门之间因工作进度、能力、条件等方面的差异而造成相互之间不配合及推诿扯皮现象时,要及时提醒领导进行调控,使各子系统恢复协同运行状态,统一步调,形成合力,实现预期目标。

⑤ 对不利变化的控制辅助。秘书通过与内外沟通,如发现执行环境中存在自然因素或社会因素发生突变的不利征兆,要及时捕捉风险信息,并就预期情况提醒领导,及时采取措施加以控制或防范,确保方案继续执行,或对方案进行调整和修正,重新设定目标,然后继续执行。

⑥ 发现有利机遇的调整辅助。秘书在督促检查中,如发现自然因素或社会因素中存在突发有利的变化征兆,要及时分析未来发展的新趋势,并根据本组织的资源条件进一步创新思维,向领导提出抓住机遇的参谋建议,为组织的决策实施增添新的内容,以利用有利时机实现更高的决策目标。

(三) 辅助督促检查

1. 秘书辅助督促检查的意义

督促检查是领导实施决策、保证领导工作部署得以有效实施的重要组成部分。秘书操办督促检查中的事务,既有利于领导直接掌握执行情况,又有利于秘书发挥综合辅助的优势;既有利于上情下达,使执行者正确理解领导意图,又有利于下情上传,使领导者全面把握执行情况,有针对性地进行指挥、控制与协调,对维护组织管理协调性具有积极的推动作用。

2. 秘书辅助督促检查的内容

秘书对督促检查的辅助,主要是在领导的主持下,按照领导确定的督促检查内容和目的,操办具体的事务。一般包括以下内容。

(1) 检查执行的实施进展情况;

(2) 发现失调现象,提出督促检查建议;

(3) 督促检查办理决策方案,保证实现目标;

(4) 反馈实施信息,评估执行效果;

(5) 归纳评估督促检查效果。

3. 秘书辅助督促检查的种类

(1) 一般性督促检查。这是指组织系统内部按层次和隶属关系、工作关系,自上而下和横向交错的督促检查。

(2) 专门性督促检查。这是指组织内部就重大的决策问题设立专门机构对执行组织的专项管理活动实行的监督检查。

4. 秘书督促检查的要领

(1) 重点督查。即要正确理解领导意图,抓住领导工作的重点、难点和热点的决策事项进行督查。

(2) 坚持原则。即为维护组织的正当利益,秘书必须坚持一定的原则性,例如严格坚持保密原则、效率原则和实事求是的原则等。

(3) 及时反馈。秘书在督促检查过程中要及时反馈信息,使领导能根据具体情况,适时调整方案和措施,使决策方案继续有效执行,提高管理绩效。

(四) 辅助协调

1. 协调的内容

(1) 协调,是指对组织运转中由不确定性因素导致的问题和失调现象进行妥善处理,化解或缓解矛盾,统一思想和认识,恢复组织协调运转,形成合力,完成组织使命。

(2) 秘书的协调。一是指秘书在辅助管理等业务活动中,如发现失调现象或问题,要主动进行信息沟通和思想交流,消除误会和隔阂,谋求共识,协调关系;二是指受命于领导,去处理随机出现的失调问题。

2. 秘书协调的作用

秘书处于组织运转的信息枢纽地位,能够敏锐地发现失调现象,预先进行协调和控制。做好秘书协调工作对组织继续有序运转和提高管理效率具有显著的作用。

（1）对一般性的、浅层次的失调，秘书要主动进行协调，以便于把问题化解在萌芽状态，避免酿成更为严重的后果。

（2）对突发性的、重大的失调，秘书及时进行协调，有利于控制事态，为领导解决问题做好准备。

（3）对严重的、深层次的失调，秘书及时调查失调的状态、性质、变化态势、影响范围，并提出有关协调方案的建议，对领导采取协调举措具有重要的参考作用。

3. 秘书辅助协调的要领

秘书协调是立足秘书本职地位进行的协调活动，必须把握以下要领。

（1）协调要与组织的目标相一致。秘书必须在遵从组织原则和有利于实现组织目标的前提下，确定协调的出发点和归宿。

（2）协调要适应环境条件的变化。秘书必须将失调现象与环境条件的变化结合起来分析研究，因势利导，善于变通，只有这样才能有效协调矛盾。

（3）协调要注意所处的地位和权限。秘书在进行协调时仍然是秘书，与被协调者此时处在一个平等的位置上，这就决定了秘书进行协调的方式方法与领导进行协调的方式方法是不一样的，不能用强制的支配性权力，不能采取命令、指示的方式，只能以明之以事、晓之以理、谋求认同等方式进行协调；要讲究策略，发挥思维的机敏性和灵活性，正确协调各方的利益和关系，使整体利益达到最优化。

（4）要注意协调的职责范畴。秘书本身没有协调的职责权限，而是为减轻领导的工作负担才辅助领导进行协调，因此，只能按领导工作的具体需要和失调现象出现的概率，以及秘书自身发现和处理问题的协调能力，相机处理。

（5）要注意沟通协调的疏导性。秘书进行协调时，必须能够将新的情况、发展趋势、变化要求等及时提供给有关方面，促进其认清形势，把握动态，跟上发展的步伐，从而与组织运转保持协调一致。

（6）协调要注意量力而行。秘书协调能够化解和缓解部分失调问题，但无法解决所有的失调问题。某些本来是秘书无力协调的问题，如管理中深层次的失调问题，倘若不自量力超越限度去进行协调，很可能产生负面影响，使问题越来越严重，甚至引发新的问题。

二、秘书的综合服务职能

"综合服务"是秘书的根本职能。秘书提供综合服务的职能很宽广,可以说,领导的管理内容有多宽,秘书的服务范围就有多宽。同时,秘书还得为平行的职能部门提供服务,并为管理的相对人——组织、公众提供服务。

（一）秘书"办文"服务事务

（1）"办文"在秘书工作中主要指文稿撰拟、运行、整理及保管利用。自秘书工作萌生开始,"办文"就成为秘书人员为领导和管理工作服务的重要职能。

（2）秘书在"办文"服务事务处理过程中,要熟练掌握并严格按各类文书的规范格式要求进行撰写;要严格按文书运行程序操作;要将已经办理完毕的文书进行整理立卷及归档保管,以备查考利用。详细的操作规范要求及办理的方式方法,本书将在第六章中阐述,此处就不作详细介绍。

（二）秘书"办会"服务事务

（1）秘书"办会"服务事务指的是协助领导筹备会议、操办会务,为会议有序进行和取得预期效果提供服务的事务性工作。

（2）秘书办理会议事务主要包括会前准备、会间服务、会后事务整理及在会前、会间、会后的大量会议文字工作和文件材料处理事务。关于具体的实务内容,本书将在第七章中阐述,此处也不展开。

（三）秘书"办事"服务事务

秘书"办事"服务事务是指为领导操办处理勤杂事务。其目的是使领导摆脱不重要的繁杂事务,有更多的时间和精力抓管理大事,以提高管理绩效。

秘书"办事"服务事务的范围相当广泛,大体上可分为常规事务、随机事务和受权理事三类。

1. 秘书办理常规事务

秘书办理常规事务的内容繁多,主要有办公资源的管理、电话函件的处理、信访督察工作、值班保密工作、印信管理工作、办公室接待工作、办公时间效率的管理等工作。

2. 秘书办理随机事务

秘书的随机事务是指在管理过程中难以预测的、不经常发生的或在职能分工边界上难以确定由谁处理的事务。秘书处理随机事务要注意以下事项。

（1）注意对随机事务的预防。尽可能地把管理事务分工明确,预防和减少事情发生后没人管的现象。

（2）随机事务发生后反应的敏锐性。当事情发生后存在没有责任人承担的局面时,秘书和秘书部门应迅速反应,及时处理问题或采取相应措施,以免事态恶化。

(3) 处理事务要注意整体配合。当随机事务发生后,其处理方案应考虑整体的配合性。这表现在两个方面：一是处理方案应与整体方案相协调；二是要求各相关方面对问题的处理互相协调,共同配合。

(4) 处理事务辅助地位的制约性。随机事务发生后没人管而由秘书部门承揽处理,并不等于秘书部门就拥有了处理该事务的决定权。秘书处理随机事务仍然是协助领导开展工作,居于辅助地位,因而只拥有制约处事的权力。

(5) 注意处理事务的沟通枢纽性。秘书处理随机事务,要注意与不同层级、不同部门全方位关系相协调,要注意沟通,获取各方面的理解和配合,事情的处理不应该与任何一方相悖逆,而应该与各方面相顺应、相促进。

3. 秘书受权处理事务

秘书受权处理事务,指的是领导根据工作的需要,将自己权限范围内的事务,授权秘书代表自己去处理。秘书要根据领导的意图和领导委授的权限范围、要求,代表领导去处理该项事务。秘书受权理事的方法如下。

(1) 要准确理解领导授权的内涵。要准确理解领导授权的意图,准确把握理事的目的、要求和授权范围以及相关的法纪规范,正确把握理事的依据；要分析客观环境要素和完成任务的各种条件,谋划办理的思路和选择有效的工作方法。

(2) 要明确受权理事的双重角色。秘书受权理事,其身份仍然是辅助领导工作的秘书；获得授权又使其变成拥有独立理事权的领导者。因此,秘书此时成为拥有双重身份的角色。

(3) 要与领导保持密切沟通。特别是当环境变化或其他原因使问题的处理已超出授权范围时,一定要向授权者请示,并遵从其新的指示办理；要主动争取其他方面的配合与合作,但遇到受权以外的事务,秘书不得自作主张,擅做决定。

例文 1

某省人民政府办公厅的职能设置与内设机构

一、主要职责

政府办公厅的主要职责如下。

1. 检查、督促省政府各项决议、决定、重要工作部署和省政府领导同志重要批示的贯彻执行情况，并向省政府领导报告。

2. 处理各级政府、各部门报送省政府和省政府办公厅的文电，草拟、审核以省政府、省政府办公厅名义发布的文件，负责省政府重大活动的组织安排。

3. 负责起草《政府工作报告》。

4. 根据省政府的工作部署和省政府领导同志的指示，组织相关调查研究，及时反映情况，提出建议。

5. 组织办理人大代表议案、建议、批评和意见（以下简称"代表建议"）以及政协委员提案。

6. 收集、编辑报送国务院、省政府领导参阅的信息资料。

7. 协助省政府领导同志组织处理需由省政府直接处理的突发事件和重大事故。

8. 根据省政府领导同志指示，组织协调省政府有关部门、中央驻我省单位、驻军等关系，对有关问题提出处理意见。

9. 负责全省党政群机关、企事业单位小汽车定编工作。

10. 做好行政事务工作，为省政府领导同志服务，管理省政府大院。

11. 管理政府办公厅直属单位和挂靠单位。

12. 办理省政府领导同志交办的其他事项。

二、内设机构

根据上述职责，政府办公厅设九个职能处（室）。

1. 秘书处

负责省政府、省政府办公厅文电收发、分送、校对、立卷、归档、印鉴、保密工作；负责省政府、省政府办公厅大型会议的会务组织、突发性事件处理及救助的组织联络、省政府领导内外事活动安排、日常值班等工作；负责办公厅督办事项的综合协调工作；编辑出版《××政报》。

2. 综合处

负责办理发展计划、财政、国有资产管理、金融、税务、证券、审计、统计、建设、经济贸易、交通、邮电、口岸、物价、劳动和社会保障、人事、编制、安全生产、交通安全管理、信息产业、经济技术协作、质量技术监督、科技、知识产权、地震、环保、人防、体制改革、经济研究中心、档案、地方志等方面的文电和省政府工作会议、常务会议、省长办公会议的会务工作，负责《政务动态通报》的编辑工作。

3. 调研室

负责起草《政府工作报告》和以省政府名义上报中央、国务院的重大事项的有关请示、报告，起草省政府主要领导重要讲话文稿；围绕省政府的中心工作，组织调查研究、提出意见和建议。

4. 建议提案处

负责处理人大代表建议和政协委员提案,协调、检查、督促代表建议和委员提案的办理工作,承办省人大常委会、政协常委会例会应由省政府办理的有关工作。

5. 信息处

负责综合整理政府政务信息;负责向国务院报送有关信息;指导政府系统政务信息工作;协调新闻单位对省政府重大措施、重要政务活动的宣传工作。

6. 人事处

负责厅机关和指导直属单位、挂靠单位的机构编制、调配录用、政审、考核、任免、工资福利、专业技术职务评聘、社会保险、培训及学历教育、公务出国、档案等有关工作。

7. 保卫处

负责省政府机关大院、政府办公厅及指导大院各单位治安保卫、综合治理及消防工作;负责省政府机关大院突发事件的应急工作;负责省领导在省政府院内的外事活动、重要会议及办公场所的安全保卫工作;协助做好省领导住宅区的安全保卫工作;管理省政府机关大院传达室,指导警卫中队的工作。

8. 行政处

负责制定机关行政事务的管理制度,指导省政府系统的行政事务管理工作;负责省政府直属单位行政经费预算、决算和财务开支的审核、呈批工作,检查监督执行财务、财产管理制度情况;负责本厅基建、国有资产管理和厅机关的经费管理、内部审计;负责省政府大院各单位办公用房的调配管理工作。

9. 监察室(与直属机关党委办公室合署)

负责厅机关及指导直属单位、挂靠单位的监察、纪检工作;负责厅机关及指导直属单位、挂靠单位的党务、政治思想教育、精神文明建设、计划生育及工青妇工作。

某办公厅
×年×月×日

例文 2

某协会秘书处内设机构及工作职责

一、秘书处办公室工作职责

1. 主持秘书处日常工作。
2. 负责起草、拟定协会职责范围内的各项管理制度、规定、办法及相关文件等。
3. 负责整理保存协会各类文件、档案资料。
4. 负责组织策划和安排协会各类会议及有关活动的前期准备工作,并做好会议记录。
5. 负责对外办理各类申报、申办、年检手续及相关协调事务处理。
6. 做好与政府、企业、上级协会以及其他社团组织的沟通、交流工作。
7. 协调、参与秘书处内设各部门的有关工作。
8. 完成领导交办的其他临时性工作。

二、秘书处组织联络部工作职责

1. 负责协会内外联络活动和所需资金筹集。
2. 负责与政府、企业及其他社团组织的沟通联络,寻求合作机会,为协会发展创造一个良好的内外环境和提供必要的帮助。
3. 以合理、合法的方式为协会筹集活动经费和发展资金,拓展协会的生存空间。
4. 有计划地组织会员单位举行适当的考察学习、交流活动,增强协会的凝聚力。
5. 负责做好行业先进典型的推介、评选、申报工作。
6. 完成领导交办的其他临时性工作。

三、秘书处信息研究部工作职责

1. 负责做好网站的正常运行、上传和维护工作。网站内容丰富,更新及时;栏目设计科学,布局合理,充分利用网站平台为企业提供最佳资讯和便捷的信息服务。
2. 负责建立通联队伍,健全通讯员网络,及时收集筛选、反馈各类信息,适时组织通讯员培训交流活动。
3. 负责区内建筑业的正面宣传报道工作,办好建筑业内刊《××建筑》电子版,积极向有关媒体发稿,扩大我区建筑业的知名度。

  4. 建立激励机制,落实信息和宣传工作实施意见。
  5. 抓住行业企业发展问题,进行专题研究,为政府决策提供可靠依据。
  6. 完成领导交办的其他临时性工作。

案例分析

秘书小吴的经历

  某服装公司秋季新推出一批促销特价风衣,这个活动是企划部策划的方案,由营销部实施。但由于企划部的失误,未注明活动截止日期,因此经销商一直到第二年春天还执行此价格。很显然,错误根源在企划部,但营销部作为执行部门应当及时发现此问题并及时纠正,所以两方都有责任。好在旺季未到,公司损失不大。事后追查这件事情时,营销部的人认为,此事是企划部负责安排的,是他们策划不周,所以企划部应该为此事负责。

  但当老板要求秘书小吴去询问企划部时,企划部负责此事的人给小吴来电话说:"这事责任不在我们。我们只负责方案设计,时间通常都是三个月,以前均是如此。很显然,营销部执行时未能按此办理,再说方案通气会上他们未曾质疑。"小吴问:"这事也不能老拖着,你看这事应该如何解决?"那边电话说:"既然都不认错,就请领导裁定吧。"

  由于部门利益的不同和看问题的角度不一样,各部门之间出现一些矛盾和摩擦是常有的事。秘书常常要充当这种和事佬的角色,像消防队员一样到处灭火。现在又是公说公有理,婆说婆有理,该怎么办?老板一看,事情其实不大,损失也很小,两位主任都是大功臣,于是就叫秘书小吴处理。

  想一想,该案例体现了秘书工作的哪种服务职能?如果你是秘书小吴,你会如何处理呢?

本章小结

  本章概述了秘书机构的设置和秘书的工作职能等内容。秘书机构的设置原则是:适应性原则、精简原则、高效原则、相对稳定原则。秘书机构运行机制的主要特征是:内在并行性、自我平衡性、组织有序性。秘书工作的职能总的来说具有辅助管理职能、综合服务职能。秘书的辅助管理职能表现在:首先,秘书作为领导的参谋和助手,不仅要充当领导的"耳目",向领导提供有价值的信息,而且要为领导有效获取并利用信息进行适时的沟通协调。其次,秘书辅助决策。秘书综合服务职能体现在:秘书"办文"服务事务、秘书"办会"服务事务、秘书"办事"服务事务等方面。

复习思考题

1. 我国秘书机构是如何划分的?
2. 秘书机构的设置原则是什么?
3. 秘书工作的职能大致有哪些?
4. 如何有效获取并利用信息为领导进行适时的沟通协调工作?
5. 秘书的综合服务职能有哪些?
6. 简述秘书"办事"服务事务的范围。
7. 秘书受权理事的方法有哪几种?

第三章 秘书的素质

本章提要

秘书要当好领导的参谋和助手,就要做好"做人"和"做事"两件事。具体表现为一个职业秘书要具备应有的职业素养,即树立良好的职业道德,培养规范的职业礼仪,锻造高超的职业能力。本章从以上三个方面进行了阐述。

 **本章学习目标**

- 认识秘书职业道德的重要性
- 掌握正确的秘书礼仪规范
- 了解秘书职业能力的内容

第一节 秘书的职业道德

引导案例 3-1

漫谈秘书的素质和职业道德

一、秘书职业道德修养的含义

秘书职业道德修养是秘书在遵循一定的职业道德原则和职业行为规范下所进行的自我教育、自我修炼活动,以及通过自我反省、自我改造、自我锻炼所形成的职业道德情操和所达到的职业道德境界。秘书职业道德修养的基本原则是理论和实践相结合,其根本问题是在秘书实践活动中改造主观世界。要求每一个秘书人员身体力行,把对职业道德规范的认识贯彻到实际工作和日常生活中去。

二、秘书职业道德修养的内容

秘书在工作单位里,一方面是领导工作的参谋和助手,从事辅助性、服务性工作,具有很强的政治性;另一方面,秘书还从事综合性、事务性工作,是社会和来宾了解和认识单位的门面与窗口。秘书的所作所为在一定程度上会产生引领和示范作用,这就要求秘书人员时刻不忘自己的身份和肩负的重任,办事谨慎,严格自律,把职业道德修养贯穿于职业活动之中。身为秘书,有几点必备的职业品质。

(一)爱岗敬业、任劳任怨

秘书是领导的参谋和助手,是联系不同层级、不同部门的桥梁和纽带,是沟通内外的窗口,岗位重要,责任重大。从事秘书工作的最基本要求就是热爱本职,忠于职守,乐于奉献,自觉履行各项职责,以强烈的事业心和积极进取的精神做好辅助管理工作,对自己负责,对领导负责,对组织负责,对职业负责。秘书工作涉及面广,工作量大,繁重又琐碎,既有脑力劳动又有体力劳动。秘书的配角特征要求秘书要有甘当幕后英雄的心胸,以不事张扬、埋头实干的品质彰显职业魅力,所以做秘书要懂得脚踏实地,密切联系实际和群众,不计个人得失,有吃苦耐劳甚至委曲求全的精神。

(二)尊重领导、主动服务

秘书要服从和尊重领导,按照领导的意图办事,不可随意越权。当领导没有做出指示或不在现场时,应及时报告请示,不能擅作主张、越俎代庖。在工作中,要为领导拾遗补阙,帮助领导克服缺点、弥补不足,自觉维护领导在群众中的威信。如果领导指挥有误,要真诚地提出意见,并说明理由,绝不能附和他人贬低或抱怨领导。要在自己的责任范围内,积极主动地创造性地做好服务工作,并善于从各种信息中发现倾向性的问题,提取有价值的材料,为领导决策提供依据。

（三）遵纪守法、严守机密

秘书身处组织的核心要害部门，无论是参谋决策，还是办公办事，都要遵守相关法律法规。秘书的政策水平直接影响到工作质量、单位形象和声誉，所以秘书要努力学习各种法规和政策，养成依法行事、依法行文、照章办事的好习惯。

因为工作需要，秘书经常参加领导会议，起草文件，保管档案，所以秘书的知密度高，具有知密早、知密多、知密深的特点。单位内部涉及工作变动、工资调整等信息在未公布之前均属机密，不得随便泄露，这就要求秘书要有职业敏感性，机密文件要注意收藏，认真学习保密法规，自觉按照要求做好保密工作。

做到遵守信用、遵守时间、遵守诺言。遵守信用，就要忠诚所属组织，维护组织信誉，保守组织秘密。遵守时间，领导找秘书人员汇报工作，秘书人员不允许迟到，秘书人员安排的会议或会谈，自己要事先到场，并做好一切准备工作。遵守诺言，一经允诺的事情就要尽力办到，遇到曲折变化，要事先说明原因，使人信服。

（四）团结合作、廉洁奉公

秘书担负着联系左右、沟通上下的职责，讲团结求合作是秘书的重要工作内容。秘书有责任以自身的特殊身份调节好组织内人与人之间、部门与部门之间的关系，使大家都能够具备良好的精神状态和积极的工作热情，同心同德，努力工作。

秘书因常常出面替领导办事，所以使用权力的方法和渠道比较多。在与单位各个层次的人办事情处理问题时要坚持原则，不徇私情，不利用职务之便假借领导名义以权谋取私利；要不计个人得失，不畏各种权势，不为名利所动，以自己的实际行动抵制和反对不正之风；对待上下级一视同仁，不以强凌弱，以势压人，为人处世心胸坦荡，光明磊落。

（五）谨行尚实、善于学习

秘书的工作作风应是准确、精细、严密、快捷。秘书应仪表端庄，举止得体；言语规范，待人热情；做事踏实，办事认真；甘当幕后，不慕虚荣。一方面，把日常繁杂的事务梳理得井然有序，把必定要做的事提前准备好，即使出现紧急情况，也不会干扰全局工作；另一方面，面对重大事项要多请示，多请教，反复验证，不要随意轻率地擅自处理，以免造成严重失误。

从发展的角度看，新时期的秘书是否具有良好的素质，对于做好秘书工作是一个非常重要的问题，也是评价一位秘书是否称职的基本依据。因此，秘书既要努力学习又要善于学习，必须了解和懂得与秘书工作有直接或间接关系的各项技能，做一个"通才"和"杂家"。秘书人员要不断地在政治理论、思想道德、知识结构和各种技能方面定出新目标，不但要完善自己的知识结构，而且要加快知识更新，同时吸取同行的先进经验和思维方法，在工作内容和方法上实现新的超越与突破。

三、加强秘书职业道德修养的途径

在加强自身道德修养的过程中，秘书应警戒三种不正确心态：一是权欲。秘书不要因为在领导身边工作，就认为容易受到领导的重视，这会使秘书的本职工作大打折扣，由此带来不可估量的损失。二是利欲。要杜绝为一己之利，打着领导的旗号办私事、谋私利。三是自卑。身处秘书位置，不要因为自己所从事的是服务性和辅助性工作就丧失了主动性和创造性。

随着社会的进步和文明的发展，日益壮大的秘书从业队伍在继承前人训诫的基础上，通过自身职业道德的实践，也积累了许多成功的职业道德修养的途径，归纳起来有如下几个方面。

（一）树立"三观"，积极进取

秘书人员应该树立马克思主义的世界观，即辩证唯物主义和历史唯物主义的世界观。世界观的核心是立场问题，秘书的一项重要工作是为领导决策提供依据，并在实际工作中贯彻领导的意图，执行党和国家的各项方针政策。如果不能站在党和人民的立场上，从实际出发，实事求是地认识和解决问题，可能会犯方向性和政治性的错误，所以秘书人员要认真学习马列主义、毛泽东思想、邓小平理论、"三个代表"重要思想和科学发展观、习近平新时代中国特色社会主义思想，实事求是，与时俱进，防止和克服思想上的片面性，增强工作的原则性、预见性和创造性，按照客观规律解决实际问题。人生观是关于人生的目的、态度、价值和理想的根本观点。秘书的工作岗位，是为人民服务的有利平台，秘书人员要充分利用工作的便利条件，深入到群众之中，虚心向他们请教，集中他们的智慧，关心他们的疾苦，反映他们的意见，当好领导和群众之间联系的纽带和桥梁，最终实现为人民服务的目的。价值观的核心问题是人生的价值。对于秘书人员来说，无论做任何事情，首先要进行价值判断，要把集体的利益、人民的利益作为评价事物有无价值和价值大小的最重要的标准，要善于透过现象看本质，把绝大多数群众的根本利益作为一切工作的出发点和归宿，在为集体效力、为人民造福中实现自己的人生价值。

（二）努力学习、完善自我

秘书的工作内容丰富，涉及面广，这就决定了秘书要应付纷繁复杂的工作，必须加强学习,从各方面提高自己。要学习马列主义、毛泽东思想、邓小平理论、"三个代表"重要思想和科学发展观、习近平新时代中国特色社会主义思想,加强自身政治素质修养,树立为人民服务的从业观念;要学习新知识、新技术,提高自己的业务水平,掌握现代化办公基础知识;要勤于阅读报纸杂志,了解社会动态,把握时代脉搏,使思想与社会发展的步伐合拍。秘书人员在职业道德修养中,还要树立正确的"参照系",借鉴榜样,从模范人物身上汲取精神力量。身边的榜样更具体、更实在,于自己更有针对性,因而具有学习和借鉴的价值。虚心学习,择善而从,是个人不断进步成长的可靠保证。

(三)自我反省、接受监督

秘书承担上传下达、沟通协调的工作任务,要和许多人打交道。如果合作不协调或工作出了差错,要从自身做检查,不找借口,不推卸责任。如果发现自己的缺点、错误,要敢于正视,并努力改正。在实践中开展批评,接受监督,是秘书进行职业道德修养的重要途径。秘书人员应该经常听取群众的批评意见,把社会舆论压力变成加强自身职业道德修养的动力。

(四)加强锻炼、注重实践

秘书要在实际工作中磨炼自己,摸索、体会、获得宝贵的工作常识和经验;要从失误中总结经验教训,加速自身的成熟;要敢于担当,多干实事,从小事干起,点点滴滴地积累工作经验,最终达到"集腋成裘、聚沙成塔";要在实践工作中敢于提问,多向上级、同行、基层群众请教,不要因为是领导不敢问,是同行不愿问,是群众不屑问;要在实际工作中严格按照职业道德的原则行事,不偏离敷衍,自行其是,即使有些规范需要随着社会的进步不断发展,也要和同事们一起反复论证,在实践中进行修正与创新,不能凭个人的主观意志行事。

(五)学会慎独、提高修养

秘书不单为领导和机关服务,还肩负着为群众服务的重任,因此要从日常工作中、生活中严格要求自己。秘书靠近领导,接近权力,独立工作的机会也较多,所以秘书人员要按职业道德规范的要求行事,要讲究人格的力量,先学会做人,后学会做事,不可患得患失,争名夺利。做一个合格的秘书,必须做到:礼貌而不居高临下,诚实而不弄虚作假,参谋而不自以为是,谦虚而不傲上凌下,谨慎而不唯唯诺诺,公正而不见风使舵,原则而不论是道非,敬重而不阿谀奉承,适应而不妄自尊大,本分而不炫耀示人。

总之,秘书地位的从属性不等于工作的被动性,严明的纪律性不等于谨小慎微。要自觉服从领导,服从组织,服从大局,把发挥主观能动性和增强服从意识统一起来,自觉做到事前参谋,事后服务;对领导意图要认真领会,传达领导的意见绝不走样变形,领导委托的工作要认真落实,全力承办,及时可靠,做到件件有回音,事事有着落,决不能敷衍塞责;要自觉维护领导的权威,保证政令畅通,保证各项决策的贯彻实施。此外,在工作中要充分发挥职能,正确运用手中的权力,要树立正确的服务意识,从服务于工作、服务于大局出发,认真做好办公室日常服务工作。

四、秘书的职业礼仪

我国是一个具有悠久历史和文明传统的礼仪之邦。"爱人者,人恒爱之;敬人者,人恒敬之。"[①]礼仪的本质就是通过规范化的行为,对他人表示敬重、友善和体谅。注重礼节、讲究礼貌是秘书应当具备的基本素质。

秘书礼仪是秘书在其内部的工作场合当中,以及秘书在与外界进行各种交往活动的场合当中,应当自觉遵守的基本行为规范、行动准则和规范化的活动程序,其目的是向交往对象表示尊重、友好,从而建立和谐的关系。秘书的自身修养以及专业水准,在与别人交往的过程中,会通过着装、仪态、言谈话语等细节反映出来。

(一)秘书礼仪的基本理念

一是尊重为本。对秘书人员而言,尊重上级意味着服从,尊重同事是一种本分,尊重下级是一种美德,尊重所有人是一种教养。二是善于表达。尊重别人只在心里尊重是不够的,还得善于表达。比如说,秘书在接待来访者时,如果不使用规范化的待客"三声",即"来有迎声""问有答声""去有送声",就会使客人感觉不到被尊重。即使你是从心里尊重对方的,但人家感受到的却可能是你的冷漠。三是形式规范。讲究形式规范,就是要求秘书人员不仅要有尊重别人的愿望,有表达礼仪的行为,还要求这种行为准确规范,也就是"有规矩"。待人接物的规矩既能反映秘书人员自身素质的高低,又可以体现出一个单位的管理是否完善。

(二)秘书礼仪的主要内容

秘书礼仪所涉及的范围较广,办公礼仪规范、接待礼仪规范、外事礼仪规范、社交礼仪规范、形象礼仪规范等等,哪个方面都不可偏废。个别秘书人员认为,在工作中只要注意办公礼仪规范就可以了,至于个人形象,那是自己的事情,与他人无关。其实,这是对秘书礼仪认识的误区。总体说来,秘书礼仪的内容大致可以分为以下两个方面。

---

① 《孟子·离娄下》。

一方面的内容可以称之为形象设计。它具体涉及秘书人员的穿着打扮、仪容仪表、言谈举止,是对秘书人员的礼仪修养所提出的具体要求,是其自尊自爱的具体表现形式。秘书人员的礼仪形象向来被视为个人素质非常重要的组成部分。有些同志在正式场合中不修边幅,歪戴帽子斜穿衣,当众"打扫"个人卫生;有的秘书在上班时间,甚至是在身着制服的时候,脚上穿露脚趾或者露脚跟的凉鞋。这些都是不得体的。这些礼仪修养不够的表现,都会给交往对象留下不良的印象。人的形象具有整体性,一定要保持和谐。

另一方面的内容可以称之为沟通技巧。沟通技巧是秘书礼仪的核心内容,我们从事任何一项具体工作都需要与其他人打交道,如果不善于同对方进行必要的沟通,或在沟通时缺乏必要的礼仪,往往会给工作带来障碍,甚至事倍功半。例如,公务宴请的目的在于促进部门、单位之间的沟通,并为此提供一个临时性的交流场所。因此,参加公务宴请时应当注意适度的交际,适当地进行沟通。但是,有些同志在公务宴席上对身边的人不闻不问,爱答不理,只顾埋头吃喝;还有些同志表现得过度热情,不分对象地劝酒夹菜。这些不当的举止都扭曲了公务宴请的作用,并没有实现真正意义上的沟通与交流。

(三) 秘书的仪表

1. 秘书的服饰要求

秘书服饰要有职业特色,塑造一个恰如其分的秘书形象,不仅能给人好感,而且有助于开展工作。

(1) 秘书的服装应该是简单线条加上剪裁大方的组合性套装,既能够体现职业身份,又能增加别人对你的信任。强调多功能和多变化的服装组合是秘书服饰设计的重点,最好既优雅、大方,又显利落。

(2) 在办公室内穿着的服装一般为各式套装,应选择不易起皱的好质地的面料。

(3) 在外出公务的场合里,秘书的着装要让自己舒适自如,跟得上工作节奏,不太紧身,也不宜过分宽松。

(4) 在运动休闲的场合里,应该着休闲装,要求既舒适又得体。

(5) 穿戴准则:秘书是领导的代言人,如果单位大部分人穿得很休闲轻松,领导每天西装笔挺,那么秘书也要选择穿正装。着装一般应遵循 TPO 原则,这是选择服饰的最基本原则。T 表示时间(Time),P 表示地点(Place),O 表示目的(Object)。TPO 原则的基本含义是,人们在着装、化妆和佩戴首饰时,要兼顾时间、地点和目的,三者必须协调一致。此外,还要保证整体性和整洁性。服装本身在色彩、图案、款式、质料和风格上要统一和谐;服装的饰品,如帽子、围巾、手套、鞋袜、皮包等装束,都应力求在色彩、风格、款式、图案和质料、质感等方面与服装相匹配,构成一种整体美。

2. 秘书的仪容要求

仪容是一种文化价值的体现,从中可以审视一个人对自我的性格、爱好、气质、风度的重新塑造。仪容的修饰在社会生活中不但影响着人们的办事效率、社交的成功、事业的顺达、生活的愉快等许多方面,还在一定程度上左右着周围人的态度,起到美化形象和辅佐外交的双重作用。

秘书人员与来访者初次接触,总希望在较短的时间内给人留下美好的第一印象。如果语言传递的信息和仪容传递的信息一致,来访者就容易对秘书人员产生信任感,留下良好的第一印象,有助于事业成功。

秘书的仪容要求主要包括以下几方面。

(1)发式、指甲、口腔。

头发整洁、发型大方是秘书个人仪容对发式的最基本要求,无论长发还是短发,都应样式美观得体,与身份、职业、场合相协调。

适时适度地保护和美化手部十分必要,不容忽视。经常修剪指甲,保持清洁。指甲油应选择较淡或者不太抢眼的颜色。

注意口腔卫生,形成每天刷牙、经常漱口的习惯,保持口腔无异味。

(2)面容。

男士应养成每天修面的良好习惯;女士应注意面部清洁,可适当化妆。

日间化妆,最好选用自然的色彩,形象清爽,看起来轻松、健康而不显化妆痕迹最好。眼部采用黄色及灰色眼影,胭脂采用桃红色。低调的妆感能塑造出能干、有深度的形象。眉毛、颊骨和嘴唇的颜色要突出,三个部位的妆容必须协调好。选择合适的唇膏颜色,颜色不能过于夸张。

(四)秘书的行为举止

现实生活中,往往可以从一个人的仪态来判断他的品格、学识、能力和其他方面的修养程度。仪态在秘书工作中具有特殊的意义和重要的作用。

一般来说,仪态既包括日常生活中的动作,也包括工作中的举止,如站姿、坐相、步态、说话的声音、面部的表情,以及个人的风度、气质等。

(1)站立规范。作为职业秘书,站立时应注意:头部保持挺拔,目光平视,肩平直,胸略挺,不交叉双腿站立。

(2)行走规范。要尽量走成一条直线,步伐稳健,步态轻盈,迈步时稍稍有些弹性飘逸感,手轻轻随步伐前后摆动。

(3)会面规范。面带微笑,对方向你打招呼,要积极诚恳地做出表示,微笑着回应,向对方致意。与对方目光交流,进行问候和寒暄,这是见面时少不了的"开场白",它本身无特定意义,但是能表示一种亲切感。

(4)握手规范。双目注视对方,微笑着伸出手去,自然、会意地握住对方的右手。握住对方的手时可略略用些力,给对方一种自信、有力量的感觉,姿态要保持优雅。

(5)介绍规范。向某人介绍第三者或做自我介绍的时候,应注意以下几点。

介绍时,应按顺序将男士介绍给女士,将年轻者介绍给年长者,将职位低的介绍给职位高的,将晚到者介绍给早到者。

介绍时,最好用"请允许我向您介绍"或"请允许我自我介绍"之类的礼貌用语作引子。

介绍时的姿态是面向对方,伸出手做出介绍的手势。介绍手势是手掌向上,五指并拢伸向被介绍者。当别人介绍到你或对方向你自我介绍时,你应该有所表示,或微笑或握手或点点头。如果你正坐着,应该起立;如有些不便,则点头微笑示意或欠欠身表示礼貌。

(6)交谈规范。秘书人员交谈时的声音要适度,让所有相关人员听清楚,而又不干扰与此无关的人。在办公室还有其他人的时候,谈话双方一定要压低声音。在楼道中与人打招呼、聊天也不能大声,以免影响他人。在公务场合和公共场合,大喊大叫更是不合适的、失态的。

要学会用自己的目光表情达意,也可以通过他人的眼神了解其情绪和感觉。在说话时,说话人的眼睛应该看着对方,表达出诚意、专注,这是对他人的尊重。

在公务场合、社交场合,坐姿要端正。谈话时可以用适当的手势加强语气,但要注意手势的幅度。

与人交谈的时候,应注意分寸,尽量使谈话内容到位且场面气氛活跃。应用表情、动作或语言对对方的谈话有所反应,应耐心听对方讲话,不要随意打断对方。谈话的措辞要得当,交谈时如赞美对方也要掌握分寸。应控制自己的情绪和举止,时刻保持宽容和克制。

交谈到最后,如果需要强调某个话题,讲话时语气要准确有力,这样会给对方留下深刻印象。

秘书人员加强气质修养的主要途径有以下几种。第一,学会自我控制。秘书人员应清楚自己气质的优劣,按照工作要求进行有目的的调节和改造,努力使自己的气质符合秘书活动的要求。第二,接受职业影响。在工作实践中,锻炼培养适应工作需要的个人气质。第三,行为需要反向。秘书人员要有意识地寻找与自己气质相反的工作,有目的地改造自己的气质。胆汁质的秘书要克服急躁鲁莽,就应多做些誊写文章、立卷编目、习练书法等细致的工作。持之以恒,定会收到较好的效果。

（五）秘书的沟通技巧

秘书在交谈中应注意选择可以谈论的内容和忌谈的内容。

1. 宜谈论的内容

（1）目的性内容,即交谈双方业已约定,或者其中一方先期准备好的内容。例如,求人帮助、征求意见、传递信息、讨论问题、研究工作一类的交谈,往往都属于内容既定的交谈。

（2）内涵性内容,即内容文明、优雅,格调高尚、脱俗的话题。例如,文学、艺术、哲学、历史、地理、建筑等,都属于内涵性内容。

（3）时尚性内容,即谈论起来令人轻松愉快、身心放松、饶有情趣、不觉劳累厌烦的话题,如文艺演出、流行时装、体育比赛、电影电视、旅游观光、名人轶事、天气状况等。

（4）时代性内容,即以此时、此刻、此地正在流行的事物作为谈论的中心。

（5）对象性内容,指的是交谈双方,尤其是交谈对象有研究、有兴趣、有可谈之处的主题,即在话题选择时,宜以交谈对象为中心。例如,与医生交谈,宜谈健身祛病;与作家交谈,宜谈文学创作等。

2. 忌谈论的内容

要让一场谈话客气地开始并愉快地结束,双方得到顺利的沟通,还有一些忌讳是不可触犯的,有一些话题是不应该在公务场合和社交场合提出、谈论的。这方面的忌讳或话题包括年龄、婚姻状况、收入支出、身体状况、家庭住址、政治和宗教信仰、他人的毛病及悲痛之事等。

秘书在交谈中多使用礼貌用语。所谓礼貌用语,是指约定俗成的表示谦虚恭敬的专门用语。例如,客人到来,要说"光临";起身作别,要说"告辞";中途先走,要说"失陪";请人勿送,要说"留步";请人批评,要说"指教";请人帮助,要说"劳驾";托人办事,要说"拜托";麻烦别人,要说"打扰";求人谅解,要说"包涵"等。

3. 语言要标准

（1）通俗易懂。在交谈中,应采用通俗易懂的语言,特别是秘书职业,不要处处卖弄文采,甚至咬文嚼字,这样只能让人望而生畏。

(2)讲普通话。为了让别人听得懂,并且准确无误地理解和领会,必须使交谈时所用的语言清晰、标准。对秘书而言,最根本的就是要讲好普通话。

(3)内容简明。在交谈时,应力求言简意赅,简单明了,节省时间,少讲废话,更不要没话找话,废话连篇,任意发挥,不着边际,让人听起来不明不白。

案例分析 >>>

小王作为秘书专业的毕业生到一家美资企业参加应聘。在小王的印象当中,美国人的穿着都是非常随便的,于是她选择的面试服装是学校里常穿的一条牛仔裤和T恤衫。可进了面试的考场,她才发现,应聘单位的男士们全都穿着西服套装,而在场的女士们都穿着清一色的职业套裙。结果,小王因为"着装过于随便"而没有获得第二轮深度面谈的机会。小王百思不得其解:为什么这么优秀的企业还要"以貌取人"呢?自己的专业成绩都是格外优秀的啊!在面试时为什么一定要穿"职业装"呢?

1. 如果你是一名职业秘书,从秘书的职业礼仪规范方面,怎么解释小王的疑问?
2. 请你给小王一些建议,帮助她顺利进入下一次面试。

第二节 秘书的智能结构

引导案例3-2

从"说"与"不说"中看秘书的智慧和能力

当今世界快速发展,对秘书人员的要求越来越高,这种高要求在职业类别上表现的差异也越来越大。政务秘书必须具备参与政务、辅助领导工作的主要能力;商务秘书必须具备行业背景、知识背景,要有经济头脑与经济管理方面的知识与能力。

社会需要高素质的秘书。在对"高素质"的理解上,人们普遍认为现代合格的高素质秘书应是多方位发展的人才:懂得两三门外语,会计算机操作,能熟练运用互联网,具有组织活动能力、语言组织能力、与人沟通能力、获得新知识的能力、与团队合作能力。这些都是高素质秘书必备的能力。

我国加入WTO后,在全球经济的背景下和信息网络技术的作用下,秘书的职能正在发生变化。过去的秘书只是打打字、发发文件,而现在的秘书经常要参与制订工作计划,在职权范围内协助处理政务、商务工作,有时还要参与领导决策,秘书已经成为上司直接或间接的助手。

要成为一名职业秘书,必须要具备全面的业务知识和完整的职业能力。

一、秘书的知识结构

知识是实践经验的结晶,是人类认识活动的成果。知识可分为两大类:一类是关于自然科学的知识,它是生产实践经验和科学实验的总结;另一类是关于社会科学的知识,它是社会实践经验的总结。作为现代秘书,不仅要具备较高的知识水平,而且还要有合理的知识结构。对于一个秘书来说,完整合理的知识结构应有三个方面,即基础知识、专业知识和相关知识。

(一)秘书工作必备的基础知识

基础知识是秘书人员通过学习,建立专业知识和辅助知识大厦的基石,也是掌握业务技能的前提条件。秘书应具备的基础知识主要包括以下几个方面。

1. 科学文化知识

科学文化知识包括语文、数学、历史、地理、逻辑、英语等。特别要注意语言文字和历史知识的提高。重视对历史知识的学习,这可以让自己透过历史现象抓住事物内在的规律和本质的东西。

2. 政治哲学知识

政治哲学知识主要包括哲学、经济学及现代科学方法论知识。这部分知识可以帮助秘书人员解决政治方向和思想方法问题。学习政治哲学知识,就是要使秘书人员树立正确的世界观和方法论,能运用科学的立场、观点和方法去分析问题、解决问题。

3. 法律政策知识

这是作为秘书工作者必备的知识,包括党的路线、方针、政策和国家的宪法、法律、法规、法令等,特别要注重对后者的学习,因为它是在平时的工作中接触最多的知识。由于法律政策知识较多,秘书人员应当根据工作需要,在掌握一般的法学理论和政策理论基础之上,有针对性地学习与自己的职业活动有关的法律政策知识。

4. 外语知识

外语知识是现代秘书人才必须掌握的基础知识。随着我国在政治、经济、文化等领域与国际接轨,对秘书人员的外语要求也越来越高。

(二) 秘书工作必备的专业知识

专业知识是秘书人员知识结构的核心,也是区别于其他领域知识结构的独特的知识体系。

1. 理论知识

理论知识是秘书人员胜任本职工作的重要前提,也是秘书工作的指导思想。其中包括文书处理、信息处理、档案管理、信息调研和秘书实务等专业理论知识。

2. 业务知识

业务知识包括秘书工作中各个环节的操作常识、基本技能、操作规范、公文的起草等。

3. 行业知识

行业知识指秘书人员所在单位的行业的基本知识。秘书人员所服务的单位都有其特定的业务活动范围。了解和掌握自己所服务的单位的相关专业知识,能使秘书的工作更具有针对性和科学性,从而名副其实地当好领导的参谋和助手。

(三) 秘书应具备的相关知识

相关知识是秘书人员为适应时代需要、做好工作,应加以进修提高的知识,是秘书人员知识结构中的较高层次。秘书人员应具备的相关知识主要包括以下几个方面。

1. 新的学科知识

这主要指社会科学和自然科学等相关知识,其中包括行为科学、系统论、控制论、信息论等知识。

2. 管理学知识

这主要包括行政管理、人力资源管理、领导科学决策等方面的知识。

3. 社会交往知识

这主要包括社会关系学、公共关系学、人际关系学等知识,以便秘书人员在工作中能够提高自身的交际能力和信息沟通能力。

4. 心理学知识

这主要包括普通心理学、领导心理学、管理心理学、社会心理学、人际关系心理学等知识。

5. 社会知识

社会知识主要包括国际知识和国内知识两大部分。国际知识主要是指当前国际的基本问题,世界格局,政治、经济、军事、思想、科技、文化等方面的变化及发展情况。国内知识主要是指国情、民情、民俗、民风等知识。

二、秘书的能力结构

能力,指顺利完成工作任务并直接影响工作质量和效率的基本技能,或者说是能胜任某项工作任务的主观条件及本领。秘书人员作为领导的参谋和助手,一方面要积极主动地献计献策,另一方面要具备将自己的聪明才智融进领导的决策过程之中的能力。这就要求秘书人员不仅要掌握足够的知识,还要具有合理的能力结构。为了胜任本职工作,秘书必须具备以下几种能力。

(一) 表达能力

秘书与他人沟通时,口头表达和文字表达是最基本的能力之一。秘书人员虽然很少去演说,但要上传下达、汇报情况、接待来访、起草公文和讲话稿等,因此秘书必须具备较高的听、说、读、写的能力。说话要讲究说话艺术,一要清楚明白,二要注意分寸,三要生动活泼。写作能力主要指撰写各种应用文的能力,这也是秘书最经常使用的工作能力之一。写作中要注意实用性、真实性、针对性、规范性和艺术性。涉外秘书还需要外语口头交流与书面交流能力。

在秘书的能力结构中,表达能力占有重要的位置,发挥着重要的作用。可以说,完成各项公务活动都离不开表达能力的运用。

(二) 办事能力

秘书部门是综合的办事机构,秘书工作的事务性是由秘书部门和秘书工作的性质、地位和作用决定的。秘书事务性工作的范围非常广泛,如文书事务、会议事务、信访事务、接待事务等,这些事务办得好坏,不仅关系到秘书工作的成败,也关系到整个机关、单位能否正常运转。秘书人员要胜任秘书工作,就必须具备较强的办事能力,并善于寓参谋于办事能力中。那种只想当参谋而不愿当助手去办理繁杂事务的人,或把参谋角色与助手角色对立起来的人,不可能做好秘书工作。秘书在办事过程中要做到:明确职权范围,知晓办事程序,掌握办事规律,区分轻重缓急,善于社会交往,思路敏捷,知识丰富,能将烦琐的机关、单位的事务处理得有条不紊。

(三) 组织管理能力

秘书工作具有组织性和综合性的特点。秘书部门处于整个单位的枢纽和中心,要处理和协调上下、左右、内外关系,涉及领导机关的政治、经济、文化、人事、对外交往等各个领域。这种工作性质要求秘书人员具备较强的组织管理能力。秘书的组织管理能力主要体现在以下几个方面。

1. 统筹安排工作的能力

秘书工作涉及面既广又杂,这就要求秘书具备统筹安排工作的能力,做到全面理解工作内容,合理安排工作顺序。

2. 组织各项活动的能力

秘书工作无论是办公事还是办私事,无论是组织社会调查还是进行会务工作的管理,都需要组织管理能力。

3. 组织协调能力

在企事业单位中,秘书是一个十分特别的职位,它处在各种部门关系、工作关系、人际关系和利益关系的交叉点上,因此,组织协调是秘书的一项重要职能,它可以及时解决工作中的各种矛盾,消除内耗,增加合力。然而,这种协调并不像日常的办公室工作那样有章可循、有法可依,它更需要秘书自己去审时度势、灵活应对。秘书在组织协调工作中,要注意把原则性和灵活性结合起来,做到谦逊而不失原则,任劳而不积怨气,委婉协商而不以势压人,态度坚定而不见风使舵,诚恳、平和、豁达、宽容,力求转化矛盾,理顺关系,解决问题。这一能力体现在以下秘书活动中:工作协调,即协调各项任务、活动和业务之间的关系;组织协调,即协调各级、各类组织之间的关系;人际协调,即协调人与人之间的关系。

4. 分析综合能力

秘书要以敏锐的直觉发现问题,而且能找出问题发生的原因及解决的方法,对事物和各种信息要有准确的判断力,这是参谋助手的必要能力。秘书的分析综合能力,包括在工作中能分析、吃透上级精神,及时把握领导的决策要求,同时又能了解掌握下情,如实反映成绩、问题,并研究预测发展趋势。在此基础上,秘书要围绕中心工作,搞好全面性综合;围绕工作进程,搞好阶段性综合;围绕工作重点、难点、热点问题,搞好专题性综合,更好地发挥参谋助手的作用。

5. 调查研究能力

调查研究能力是谋事之道,成事之基。调查研究,是领导工作的基础,也是秘书的一项经常性的工作。秘书只有深入实际,了解情况,发现问题,进行科学的分析、归纳和预测,掌握第一手材料,才能为领导决策提供可靠的依据。调查研究本身是一种手段而不是目的,秘书调研的目的是运用其调研成果辅助领导进行正确决策。

(四)社交能力

所谓社交能力,就是指在各种社会实践活动中,秘书与人接触、交往、应酬的能力。这是秘书工作能力的核心部分,也是秘书人员做出成就的基础和源泉。秘书工作本质上是一种服务性工作,秘书处在各种复杂的人际关系中,每天要与许多人交往,要协调上下、左右、内外的各种人际关系,从某种意义上说,秘书都是社会活动家。在现代社会,随着人与人的广泛接触,秘书的社交能力显得尤为重要和必要,他们应当具备与各种各样人交往的能力。秘书良好的社交能力,要依靠工作中的长期磨炼和培养。这可以从以下几个方面来进行。

1. 学习心理学知识,掌握交往对象的心理状态

心理学是研究人的心理活动规律的,它能帮助人们理解交往对象的心理和需要。秘书只有在理解他人的基础上,才能找到适合的交际方法。掌握交往对象的心理特点,是人际交往成功的基础。

2. 保持自身人格完整,树立高尚的交际品德

秘书在人际交往中,要做到自尊自爱,不失风度,具备廉洁奉公的品德,这样才能获得别人的尊重。

3. 善于用语言沟通情感,并注意自己的行为仪表

在人际交往中,秘书说话态度要谨慎、诚恳、热情,语调要稳重、温和,内容则要简明扼要、正确易懂,忌含糊不清,与人交流要注意倾听对方讲话;举止要求大方自然、谨慎细致,服饰要得体文雅,并根据时间、地点、场合的不同,灵活变换,给人以清爽干净的印象。

4. 要把握好言行尺度,做到恰到好处

首先,要坦率诚恳,但不能草率从事;其次,要谦逊诚实,不虚情假意;再次,应热情大方,但不能粗俗失态;最后,应谨慎小心,但不能拘谨畏怯。

(五)实际操作能力

秘书是需要多种专业技能的综合性的社会职业。随着办公由过去的传统管理向当前的现代办公自动化的转型,秘书的工作方式发生了巨大的变化,这就要求秘书必须掌握现代办公设备的操作方法和其他技能。除了熟练掌握计算机的使用外,其他如复印机、传真机、扩音器、录音机、摄像机、照相机、移动电话等设备的使用,以及汽车驾驶等也应熟练掌握,以备不时之需。

(六)危机处理能力

现代社会是一个复杂多变的社会。任何一个企事业单位,无论是内部还是外部环境,都可能充满了各种变数。因此,一个单位是否具有敏捷的危机预警

机制和危机处理能力,是决定其生死存亡的重要因素。作为组织管理体系,尤其是组织信息系统中的重要一环,秘书人员及秘书部门的危机预警和危机处理能力尤显重要。因此,秘书人员要想有效地应对突发事件,应当具备以下素质。

1. 有危机意识

要想处理危机,首先要在心理上接受危机,并对危机保持警惕。只有心理上有所准备,危机真正出现时才不会手忙脚乱。微软董事长比尔·盖茨总对员工说:"微软离破产永远只有18个月!"时刻要求员工具有危机意识,在竞争中做好各种准备,努力创造新的发展机会。只有始终具有危机意识,并且用实际行动体现这种认识,在工作中才会用更清醒的头脑去面对危机。

2. 做到当机立断

在面对危机时,当机立断,控制事态的发展是最重要的。任何犹豫不决、等待观望的行为都会使危机变得更大,更难处理。

3. 能够沉着应对

当危机发生的时候,一定要沉着冷静,控制好自己的情绪。如果慌乱做事,反而可能使事态恶化。只有冷静,才能思考如何处理问题、处理好问题。因此,当危机来临时,除了及时上报外,秘书人员还应对其进行严密的观察和记录,并立即采取可能的紧急应对措施,尽量避免事态的严重化。同时,要顾全大局,统一组织成员的认识,一心一意处理危机。

4. 善于总结

在危机处理过程中,秘书要注意收集相关资料,以待事后形成报告,对危机的发生及处理过程进行及时的总结。

第三节 秘书的气质个性

引导案例3-3

浅析秘书的心理素质修养

在西方人眼里,秘书的典型形象曾是身着黑色短裙、脚蹬高跟鞋、跟随老板的年轻漂亮的女郎。这也是中国观众在电影、电视译制片中所熟悉的秘书形象。然而近几年来,社会对秘书的年龄要求发生了很大变化。英国伦敦一家职业介绍公司已开始招聘年龄在35岁以上的秘书。他们认为,年龄大的秘书心理与性格更成熟,更忠实于公司,这有利于保持员工队伍的稳定。除了必需的秘书工作技能外,那些规模大、效益好的公司雇主看重的是冷静的头脑、丰富的处世经验及待人接物的技巧。这些都是刚从大学毕业的学生不可能具备的。有人认为,秘书队伍在年龄上的变化也体现了西方女权运动的成果,众多女老板的出现使年轻貌美的女士失去了优势。但不管原因何在,当今的潮流是:老板更注重的是人员素质、工作效率和公司的发展。因此,良好的心理素质与性格是现代公司更看重的品质。

一、秘书的心理素质

心理素质指人的个性的、较稳定的心理品质,它包括心理过程、心理倾向和心理特征方面所具备的内在品质。秘书的心理素质是指秘书工作的特殊性要求其具备的对秘书职业活动有所帮助的心理品质特征的总和。与秘书活动关系密切的心理素质主要体现在以下几方面。

(一)秘书的性格

性格是指一个人在个体生活过程中所形成的对现实的态度与行为方式的总和,是一种表现比较稳定的心理特征。

(1)从心理机能类型划分,可分为理智型、情绪型、意志型。

(2)从心理表现方向划分,可分为内向(内倾)型和外向(外倾)型。

(3)从独立性划分,可分为独立型、顺从型、理论型、经济型。

(4)从社会活动特点划分,可分为审美型、社会型、政治型、宗教型。

人的性格受生活环境、工作环境、个人经历、学识教养、个人主观改造等多方面的作用,是可以改变的,也是可以有意识培养的。秘书的性格,是秘书在个体生活过程中形成的对现实稳定的态度,以及与之相适应的习惯化的行为方式,是表现在态度和行为上比较稳定的心理特征。秘书的工作性质,要求秘书具有外向型和内向型性格之长而弃其短,既要敏捷,又要沉着,既要活泼,又要严肃,既要善交际,又要保守机密。

具体说来,对秘书性格的基本要求是:秘书应具备坚毅自制、稳健随和、豁达开朗、敏捷应变、幽默风趣、友爱合作等性格,以适应秘书工作的职业要求。

（二）秘书的兴趣

兴趣是指人对客观活动、客观事物所持的一种选择态度和积极探索的认识倾向，又是一种复杂的行为动机。兴趣就是人们通常所说的爱好，它是在社会实践中形成的，也可在社会实践中改变。一切有成就的人多是以某种兴趣为先导的。在秘书工作中，兴趣具有非常重要的作用。首先，秘书的兴趣一旦形成，就会使其围绕兴趣建立起一系列的目标体系，以百倍的精力、满腔的热情从事本职工作。其次，良好的兴趣能使秘书自觉地积累相关知识，掌握专业技能，提高自己的职业素质。最后，兴趣还能使秘书在工作中产生愉快、兴奋等积极的情绪体验，使工作效率得到显著提高。

良好的秘书兴趣应具有广泛性、中心性、持久性、效能性。

（三）秘书的意志

意志是人自觉地确定目的，并支配行动，克服困难，实现目的的心理过程，是人的意识能动性的表现。秘书是一个富于挑战的职业，必须在情感的基础上，上升为意志，才能激励秘书在到达目标的道路上奋力前行。同时，秘书的意志很大程度上决定了秘书工作的效率、工作的质量和工作的成效。对秘书良好意志品质的要求有以下几个方面。

（1）自觉性。即在行动中具有明确的目标，并能充分认识行动的社会意义，使自己的行动服从于社会的要求。

（2）果断性。即在紧急情况下明断是非，及时下定决心并做出决断。

（3）顽强性。即能在较长时间内，克服重重困难，保持充沛的精力和坚韧的毅力，百折不回地达到目的。

（4）自制性。即能够完全支配和控制自己的情绪，约束自己的行为，使之符合客观需要。

（四）秘书的气质

气质，指人的心理活动的稳定的、典型的动力特征，具体表现为人的活动的速度、强度、持久性、灵活性、指向性。气质具有遗传性、稳定性、可塑性、外显性、差异性等特点。我国古代根据五行分类法把气质分为金、木、水、火、土等五种类型。巴甫洛夫高级神经系统活动理论把人的气质分为冲动型、活泼型、安静型、抑制型四种类型。希波克拉特的"体液说"把人的气质分为胆汁质、多血质、黏液质、抑郁质四种类型，并对几种类型的动力特征做了分析。

我们应该正确地认识气质，坚持气质问题上的辩证法。气质无好坏之分，各人的气质有其所长，也有其所短。气质不能决定人的品德、智力和成就。气质具有相对稳定性，又具有可塑性。我们提倡在气质问题上要顺其自然，安之若素,扬长避短,促优弃劣,学人所长,克己所短。

那么,哪种气质的人适合从事秘书工作呢?胆汁质、多血质类型的人活跃好动、反应迅捷、喜欢交往、兴趣广泛,可以较好地适应人际交往;黏液质、抑郁质类型的人性情沉静,体验深刻,态度持重,考虑周详,比较适合从事计划性强、忍耐力强、细致具体的工作。而他们各自的长处又恰是对方的短处。因此,任何一种气质,只要善于扬长避短,都可以胜任秘书工作并出色地履行岗位职责。

(五)秘书的情感

情绪,指人的情感较强烈、带冲动性的外部表现。它是一种高度扩散的兴奋或抑制状态,是人的主观对客观的直接的心理反应,是一种低级的情感。

情感则是指人对外界刺激肯定或否定的心理反应。情感分为道德感、美感、理智感。

良好情绪的保持和巩固,需要客观刺激物不断地强化它,如社会环境、舆论评价、社会公认的标准等。它对秘书有重要的作用,也要求秘书本身尽可能冷静地对待社会环境、舆论评价的影响,能驾驭和控制自己的情绪,保持积极、乐观、平静的情绪,防止并善于克服消极、悲观的情绪。秘书要在理解职业内涵的基础上,把自己的情感体验上升为对秘书职业的热爱,以保持高昂的工作热情。

二、秘书的心理健康

秘书的工作活动是一项十分繁重的脑力劳动。当代秘书活动的紧张性、快节奏和高压力,都对秘书的心理品质提出了越来越高的要求。秘书在自我发展、自我完善的进程中,要努力加强心理修养。秘书处于各管理系统的中枢,地位特殊,事务的繁重、角色的复杂都常使其心理处于紧张状态,若不注意加以调节,就会造成心理失调甚至引发疾病。

秘书人员,尤其是青年秘书往往由于工作压力过重,遇到挫折或自己的成就动机得不到及时满足而产生焦虑。一般说来,焦虑是对亲人或自己生命安全、前途命运等的过度担心而产生的一种烦躁情绪,其中含有着急、挂念、忧愁、紧张、恐慌、不安等成分。其表现为:经常疑惑忧虑,惶然犹如大难将至;经常怨天尤人,无缘由地自忧自叹;微不足道的小事都可能引起他的不安;遇到紧张的心理压力时,便会慌张不知所措,丧失应付事变的能力。在生理上表现为常常长吁短叹,严重时甚至有胸闷、心悸、头昏、呼吸困难等症状。

(一)秘书应如何克服焦虑的心理障碍

1. 树立自信

要敢于面对焦虑,增强自信,对未来充满信心。你可以冷静地问自己:"这件事最坏又会坏到什么程度呢?"勇敢地回答这个问题,焦虑也就消失了。

2. 不患得患失

培养"处之泰然,安之若素"的襟怀,不为一时一事所困扰,不为小小的得失而耿耿于怀,这样焦虑心理自然就消失了。

3. 制订新计划

可以制订一个行动计划来代替你的焦虑。当你拿出一个有意义的工作目标并全力以赴地去实现它时,也就无暇焦虑了。

(二)秘书如何在工作中保持心理健康

1. 要树立正确的人生观

只有树立了正确的人生观,才能正确对待工作与生活中出现的各种矛盾、困难和挫折,保持良好的心理状态。

2. 要确定适度的抱负水准

要在充分认识自己的基础上,将自己的抱负与所从事的工作结合起来,力求在完成工作目标的过程中实现自己的理想抱负。

3. 要创造良好的人际关系

只有清醒地认识到自己的人际关系状况,形成正确的自我意识,宽容待人,乐于合作,才能创造良好的人际关系环境,促进心理的健康发展。

4. 要及时调整不良心理

要自觉调整和克服不良心理因素的影响,形成正确适度的行为反应,维护心理健康。

5. 要参加各种有益活动

积极参加有益的文体活动,对克服不良心理、维护身心健康大有好处。

案例分析

案例一

李红是公司的秘书,由于爱岗敬业、成绩突出,最近被提升为办公室主任,成为公司最有发展前途的年轻人。

一天,李红与一个和公司有业务关系的林经理吃饭。席间,林经理说只要李红把其所在公司的客户资料透露给自己,李红就会得到好处。同时,林经理做了个捻钱的动作。

李红心动了,心想:反正别人也不知道,自己也可充实钱包。于是,李红便按林经理要求的去做了。

时隔不久,李红所在的公司遭受了一定的经济损失,李红也因此被公司解雇,她得到的2 000元回扣也被如数追回。

你觉得李红应该怎样避免此类事情的发生?

案例二

一天,某市工业局秘书科的张科长正在办公室批阅文件。这时,本单位一位以爱上访告状闻名的退休干部谭某走了进来,说要找局长。张科长先热情地招呼他坐下,然后敲开局长办公室的门,请示局长如何处置。局长此时正忙于局里的业务,不便见谭某,于是就对张科长说了一句:"告诉他我不在。"就又低头忙他的去了。张科长回到自己的办公室,对谭某说:"领导不在办公室,您先回去,有什么事我可以代您转告。"既然这样,谭某也无话可说,悻悻地离开了秘书科。大约过了一个多小时,张科长起身去档案室,来到走廊,想不到竟看见局长与谭某在卫生间门口握手寒暄,并听到谭某说:"刚才张科长说你不在办公室!""哪里,我一直在啊!"局长毫不迟疑地回答。张科长顿感浑身一阵冰凉。原来,谭某离开秘书科后,并未回家,而是极不甘心地在办公室的走廊内来回走动,刚巧碰上局长上卫生间,急忙抢上前去打招呼,这才有了刚才那一幕。事后,谭某逢人就散布张科长不地道,品质太差,欺下瞒上,没有资格当秘书科科长。张科长有口难辩。刚开始感到很委屈,后来一想,当领导的这样做也是出于无奈,当秘书的应注意维护领导的形象,否则将给工作造成不良影响。所以,他从不对人解释此事,听到议论,也一笑置之。

请谈谈你对此事的看法。

案例三

河阳市委书记高长河刚刚上任时,有一位老奶奶(老上访)要求反映一些问题,被秘书挡住了,但是高书记亲自在会议室接待了她,并亲自给她泡茶。老奶奶非常有条理地提出她所要反映的问题,分十二项内容,每项内容又分几个方面,第一项没讲完就已经过去半个小时了。秘书一看情况不对,急忙想出一个办法,叫高书记接一个重要电话,然后自己接着听老奶奶的反映。

试分析这个秘书的做法是否妥当。

案例四

钟秘书错在哪里?

某省茶叶进出口公司吴经理将与英国客商史密斯谈一笔20万英镑的茶叶出口合同。钟苗秘书做接待工作兼翻译。史密斯一进门,钟秘书马上将其引进会客室,吴经理已等在那里了。经过一番简单的介绍,他们发现史密斯粗通中文,能听懂不少中国话。吴经理与史密斯寒暄的时候,钟秘书前去泡茶,她用手从茶叶罐中搓了一撮乌龙茶放在茶杯内,然后冲上水,把杯子放在史密斯的面前。

吴经理和史密斯都看到了这一切,史密斯疑惑地问:"听说你们中国在加工碧螺春时,姑娘们要用手沾着唾液把茶叶卷起来,是不是?"吴经理还未答话,钟秘书立即反应:"那种茶叶样子特别好看,特别香呢!"吴经理解释说:"不,不,不,几十年前是这种情况,但现在茶叶的种植、采集、加工都严格按照国家出口标准进行,不会再出现类似的情况。"史密斯说:"刚才那位小姐给我泡茶不是用手抓的吗?"

吴经理转移话题,引导史密斯到茶叶样品桌前,双方就合同事宜谈了起来,在价格问题上双方争执不下,最后,吴经理说:"我按最低价打九折给你。"史密斯沉思着。钟秘书接口:"我们已经给你成本价了,你应该接受了。你连茶都没有喝一口,怎么知道茶叶的质量呢?"

史密斯听了,耸耸肩,说了声抱歉,拔腿就走。

望着史密斯的背影,吴经理冲着钟秘书一顿责备:"好好的一大笔生意,都让你给搅了!"

钟秘书茫然不知所措:"经理,我不是一直在帮你吗?怎么会是我的错?"

合同没有谈成,真是钟秘书的错吗?她错在哪里?

本章小结

本章主要介绍了秘书的职业道德、智能结构和气质个性。秘书的职业道德是秘书职业素养的重要体现,对于一名职业秘书人员是至关重要的,它包括:爱岗敬业、任劳任怨;尊重领导、主动服务;遵纪守法、严守机密;团结合作、廉洁奉公;谨行尚实、善于学习。秘书提高职业道德修养的途径有:树立"三观",积极进取;努力学习、完善自我;自我反省、接受监督;加强锻炼、注重实践;学会慎独、提高修养。秘书礼仪是工作中必不可少的工具,也是一名职业秘书素质高低的外在表现,它的内容分为形象设计和沟通技巧,具体体现在秘书的仪表、行为举止和交谈等几方面。秘书更要注重沟通能力的培养,这是做好秘书工作的关键所在。秘书的知识水平和能力结构是决定秘书能否胜任工作的重要标准。作为一名职业秘书还应有心理方面的相关知识贮备,以便了解自己的同时,针对上司及来访者的性格、兴趣、意志、气质、情感等特点来开展工作。

复习思考题

1. 秘书职业道德的内涵是什么?怎么克服秘书职业道德中的不正确心态?
2. 秘书该如何设计自我职业形象,从而达到形象与职业、地位的匹配?
3. 秘书的行为规范主要分为哪几个方面?分别应该注意哪些问题?
4. 举例说明秘书在交谈中适宜和忌讳的话题。
5. 秘书人员必须具备的职业道德修养包括哪几方面?
6. 秘书人员进行危机处理的基本要求是什么?
7. 秘书应该具有什么样的意志?作为秘书,你认为如何让自己具有良好的气质?
8. 秘书如何在工作中保持心理健康?你还有什么好的建议?

项目实训

一、实训目标

通过展演训练,将秘书礼仪知识转化为实际的职业规范,并将片段知识整合到综合训练中,使学生成为在礼仪方面训练有素的秘书。

二、实训背景

一家大型保健品公司在进行项目谈判时,大家发现坐在总经理一旁的秘书穿着非常休闲:一件胸前印有图案的T恤衫,蓝色的牛仔裤,白色的旅游鞋。负责送茶水的助理秘书更是花枝招展,耳环闪闪发光,手镯晃来晃去,高跟鞋叮叮作响。每当她进来送水,会谈不得不停歇片刻。客人开了个玩笑:"最好让这位漂亮小姐参加选美去。"

是赞美还是讥讽?总经理把问题留给了大家。会场先是一阵沉默,接着大家展开了热烈的讨论。经过讨论,大家一致认为,公司在这几年的发展中,在提高产品科技含量,保证产品质量、功效,拓展营销渠道上都下过大力气,始终在走持续向上发展的道路。但随着公司规模的迅速扩大,职员自身的素质并未跟上,要为公司的可持续发展积蓄力量,必须提高员工素质,否则企业就没有发展的后劲。会议最后决定:用两年的时间,对所有在职员工进行轮训,加强对职工,特别是管理人员个人礼仪的训练和要求,要牢固树立"公司荣我荣,公司衰我衰"的意识,改变穿衣戴帽是个人私事的思想。培训后,除了对应该掌握的技能进行考核外,还要使职员在个人素养方面有大的改观。因此,公司决定开展秘书职业形象设计大赛,拉开全员素质培训的序幕。

三、实训内容

1. 训练秘书正确优美的站姿、坐姿、行姿与表情。
2. 演示男生西服的着装规范和领带的不同结系方法。
3. 演示女生西服裙装的着装规范和纱巾的不同结系方法。
4. 演示介绍、握手、接递名片、致意的方法。
5. 展示秘书的应急沟通技巧。

四、实训要求

1. 本实训任务可以在形体实训室完成。要求根据案例内容,完成公司秘书形象设计大赛方案及组织现场表演。
2. 参照教学内容,根据背景资料,参赛者进行实际演练,并按照要求完成相应的实训任务。可在同学中推举导演、指挥、服装设计师、化妆师等。
3. 个人表演要结合秘书礼仪的知识来设计,要展示出新时期秘书的个人风采。
4. 全部实训任务应在两个课时内完成。
5. 实训任务完成后,学生必须参加实训成果汇报表演。汇报后,先由学生之间互评,接着由教师进行点评,最后教师根据学生实训任务完成情况,并结合学生成果汇报时的表现综合评分。

第四章　秘书的日常事务工作

本章提要

秘书的日常事务工作,是指秘书和秘书部门协助领导处理日常事务和加强日常管理的工作。这是秘书和秘书部门最基本的任务,也是组织中各项工作得以顺利、有序开展的保证。在秘书的日常工作中,办公环境的创建与管理维护是为了给领导和员工提供舒适安全高效的工作环境;印信代表着一个组织的权力,关系到组织的利益,印信的正规管理和使用是秘书机要工作的重要内容;接待工作的内涵丰富,不但是组织对外形象的一种展示,也是秘书协调沟通能力的体现;安排管理值班工作是秘书工作的重要内容之一;"保密"是对秘书工作的要求,也是秘书人员的基本职业道德;科学合理、灵活机动地安排好上司和自己的时间是秘书的工作职责之一。本章讲述秘书日常事务工作的主要内容,它们是环环相扣、密不可分的。秘书人员要掌握各项工作的基本要领,结合实际工作,创造性地加以综合运用。

本章学习目标

- 了解秘书日常事务工作中各项具体工作的基本概念和原理
- 掌握各项秘书日常事务工作的基本要领
- 能够独立处理各种实务问题

第一节　办公环境管理

引导案例 4-1

办公环境的改善和优化不容忽视

一、办公环境概述

"环境"指周围的地方和周围的情况及条件。无论什么单位都会关注它所处的环境。我们常说的办公环境即办公室环境,它是单位或单位的职能部门所处的文化氛围、公众关系、所在地、建筑设计、装饰装修、室内温度湿度等一系列因素的综合构成。

单位所处的或要去营造的办公环境,首先必须要符合当下的社会大环境,如国情、国家政策、法制等。具体的办公环境只能是社会环境的一个子系统。其次,办公环境要符合它的职能要求,即单位的制度赋予它的职责和功能,例如财务部与公关部、业务部的布局和设计就有很大的差异,这是由它们不同的职能决定的。职场中人每天的大部分时间是在工作中度过的,对每位从业人员来说,他们所能直接感知到的是办公场地的设备、光线、安静度,办公家具的舒适度和安全度等等。我们把这些因素的整体称为工作环境,它是办公环境中的基础,也是秘书人员在日常事务工作中能够直接选择、影响、改进和优化的。

二、办公环境的优化

随着时代的发展,办公环境的管理日益受到重视,因为它不但与单位的运营成本息息相关,还被上升为一种单位对员工的激励方式。从社会责任的角度考虑,单位不但要注重自身的经济效益,还要保证它给员工提供的工作环境是安全的。这些都是办公环境管理要考虑的问题。

(一) 办公区的选址与设计

空间是组织运转时必须支付的成本,它是以平方米来计算的,在一些城市的中心地段寸土寸金,所以单位在选择办公地点和做办公室设计时要充分考量各种因素。对选定的工作地点要做合理分区,正确布局,科学设计。

1. 办公环境选址

首先,无论是自建还是租用物业,办公环境选址都要考虑组织的业务性质的需要。仓储性质的物流企业可以选在郊区,商业零售企业要选在商业区,高科技企业一般根据不同城市的统一规划大多建在科技开发区,等等。其次,选址也要考虑通信、交通等服务设施的配套水平。最后,选址还要看周围的绿化水平、空气质量等因素,并对所处地区的长远发展做合理的预期。不要给组织未来的发展造成不必要的困扰。

2. 内部分区

选定了办公区域后,还要根据组织内所设立的各职能部门的工作性质对办公区进行合理的划分。业务部门因来访者较多、业务洽谈频繁,比较适合设在办公区的主通道边,临近办公区入口的位置;财务部门因其工作人员需要安静的工作环境,财务信息也需要保密,库存现金更需要有安全保障,所以一般都被安排在办公区中比较深入的地方;秘书部门也因其工作的特殊性设在紧靠其服务对象的位置。此外,公共的服务部门要尽量设在办公区的中间位置,方便各个部门来此办理事务,这样的部门有打印室、复印室、资料室、档案室等。

3. 配套设施

在进行办公室精装修前,就要考虑到未来办公需要的网络设备、通信接口、电源插座、空调孔等。还要注意,做总体设计时不能使办公区的消防通道被占用,同时给监控、报警设备的安装留出相应的空间。

(二) 选择合理的办公模式

按照我国秘书职业资格考试大纲的要求,三级秘书就应该能够正确选择办公模式了。作为刚刚入职的初级秘书,如果能够掌握选择办公模式时应考量的因素,利用科学合理的工作环境提高自己和上司的工作效率,将会在竞争激烈的职场中展示出自己的优势。

总体来说,办公模式一般分为两种。

1. 开放式

所谓开放式办公室,是大的空间里包含若干单个工作位置的组合。每一个工作位置通常包括这样一些办公设备和设施:办公桌、纸张和文具的存放空间、文件的存放空间、椅子、电话、计算机等。整体的工作空间用屏风、文件柜等分开,吸收噪音和区分不同的工作部门。

图 4-1　开放式办公室

2. 封闭式

封闭式办公室,即传统办公室,也称网格式办公室,是指按照工作任务的不同分隔成若干个带有门窗的小办公室。也就是,办公室是一些小房间,每一个房间给一个人或两个人使用,带有办公桌和工作空间。

开放式办公和封闭式办公各有优缺点,具体见表 4-1。

表 4-1　开放式办公和封闭式办公的对比

办公模式	优点	缺点
开放式	1. 空间可以根据需要灵活地调整 2. 能够最充分地利用办公空间 3. 有利于上下级互相监督 4. 方便同事间的沟通 5. 办公资源充分共享 6. 服务集中提供	1. 工作的机密性没有保障 2. 员工的工作易被干扰 3. 个人的私密空间没有保障 4. 局部的调整会影响到全局
封闭式	1. 每个部门可以根据自己的需要随时调整办公布局 2. 信息安全性有保障 3. 员工工作易集中精力 4. 员工可以有相对独立的私密空间	1. 浪费空间,成本大 2. 不利于员工间的交流 3. 不利于上下级间的监督

从表 4-1 的对比中不难看出,开放式办公和封闭式办公各有各的优缺点,而从现代管理的角度看,开放式办公室设计优点更为突出,不但节省办公成本,还有利于创造良好和谐的工作环境,符合现代化管理的效益和效率理念。要特别说明的是,现在更常见的办公形式是把封闭和开放两种办公形式结合起来,取

长避短,这无疑更为科学合理。

图 4-2 封闭式办公室

图 4-3 封闭与开放相结合式的办公环境

（三）保持办公环境的整洁有序

1. 办公环境的清洁

作为秘书,有责任保证自己所负责的办公区域的清洁有序。这对组织的对外形象建立和办公效率提高会产生积极的作用。

首先,秘书要保证上司办公室的整洁。除了每日的日常清理外,还要安排定期的大清扫。这项工作秘书可请组织内专管这项工作的部门协助安排专业的保洁人员来进行,但要找合适的时间。在大清扫前要注意和主管人员沟通好清扫的重点,叮嘱其对保洁人员做好培训工作,保证上司办公室设施和信息的安全。必要时,秘书还可亲临现场督导。

其次,秘书要保持自己办公位置的清洁有序。每日清理工作台面、打印机、复印机、传真机、饮水机等办公设施;保证工作区、会客区、接待等候区的座位、地面、台面、茶具的清洁;公用的文件柜、书架、物品柜中的东西要摆放整齐;定期给电脑键盘、电话听筒两端、空调通风孔消毒。

2. 办公设备的合理摆放

秘书工作繁杂,用到的设备也很多,只有摆放合理,才会给自己提供一个舒适、安全、高效的办公环境。第一,办公台要放在光线良好的地方,有窗的办公室可以摆放在靠近窗子的地点,但也要避免太阳直射台面,造成视觉疲劳;没有窗的办公室,要摆放在照明灯光合适的位置,保证光线从左前方向射过来,最充分合理地利用光源。第二,把大型书柜、文件柜等靠在墙边摆放,这样不会给人造成压迫感。第三,小型的办公设备如打印机、电脑、传真机等可直接摆放在办公台上。存放机要印鉴的保险柜也要摆放在距秘书台不远的地方,避免秘书取用时离开办公位置太远,既不利于办公效率的提高,也容易造成印鉴和信息不安全的隐患。第四,文件盒等一些常用文件的存放工具要以账立、台上文件存储架等办公用品来进行分类,清晰地摆放并置于可以随手取到的地方,以方便查阅。第五,电话机摆放在秘书台的左边,并在旁边放上便笺和笔,以便秘书及时接听电话和记录。第六,垃圾筒一般摆在秘书台的下方,要选择有脚踏盖子的,并要做到及时清空。第七,笔、尺、启钉器、打孔器、曲别针、活页夹等一些小的办公用品,可放在一个组合式的笔筒中,也可置于一些小盒子里摆放在抽屉里,这样既方便取用,也很整齐、美观。

总之,办公室的布置要尽量避免工作人员在办公区域中不必要的移动。一个舒适、整洁、高效的办公环境通过秘书人员的合理布置是完全能够建立的。

第二节 办公环境的安全维护

引导案例4-2

办公环境安全提醒十五条

一、维护办公环境安全的重要性

安全、优良的办公环境能够提高办公效率,有利于发挥人们工作的积极性。办公环境要能保证它的工作人员、外来人员的安全,是一项对办公环境最基本的要求。如果办公的房屋、设备对其中的人员造成伤害,就会使单位发生医疗赔付、诉讼费用;还要发生设备维修及重置的支出;因设备无法正常运转而影响工作效率;更严重的是,信息的消失和外泄导致企业客户的流失,利润的降低。可见,保证办公环境的舒适、安全是一个单位履行社会责任和成功经营的双重需要。

二、办公环境安全的分类

（一）房屋、设备的安全

保证房屋设备的安全，要做到以下几个方面。

（1）办公区所处的房屋必须是工程验收合格的建筑。

（2）有消防器材，防火通道畅通无阻。

（3）办公区内无易燃易爆物品的堆放。

（4）电梯处于安全使用状态，并定期维护。

（5）步行梯有防滑设施及安全扶手。

（6）地面要防滑且过道不可过度拥挤。

（7）办公家具与设备合理摆放。

（8）办公家具安全性能及舒适度高。

（9）办公用的电器设备做到安全合理用电，定期维护。

（10）妥善整理各种电源线及电话线并保证安全。

（11）室内的通风、采光、噪音、温度、湿度保持科学合理的水平。

（12）办公区的门锁应安全耐用，钥匙的保管要严密。

（13）各种大型办公设备专门管理，小型设备在办公以外的时间要锁起来。

（二）信息的安全

信息时代的今天，信息对于每一个组织来说如同生命线，直接关系到组织的存在与发展。维护信息安全也是每个职业人士必备的职业素养。一个组织的信息只有在合理的范围内被利用才会实现其自身的价值。无论是纸面还是电子方式形成、存贮的信息都要妥善处理和保管。为此，要做到以下几点。

（1）个人电脑要加密，并定期更改。

（2）公用电脑要加密，组织内部查询系统要根据工作需要及管理框架合理授权。

（3）定期对电脑内的信息进行备份，并将备份资料合理存放。

（4）安装正版杀毒软件对电脑进行实时监控，定期查杀病毒，以防数据被破坏或遗失。

（5）移动硬盘由组织统一配发，不可随意将自备移动存贮硬盘带进带出办公室。

（6）工作人员正确使用计算机：正确开关机，合理退出程序；养成随时保存数据的习惯；显示器摆放在办公区来访者不会轻易看到的位置；离开办公位置时要及时关闭显示器或退出程序；正确保存磁盘。

（7）纸制保密信息的接收、下发要履行登记和签收制度；流转的全程要保持密封状态，要存放在安全、防火的专用文件柜中并标明密级；不用时，要以碎纸机粉碎销毁。

（8）进行机密信息处理时，工作人员应该养成良好的工作习惯：离开办公位置时要及时锁上文件柜；把钥匙存放在机密的地方，不要随意带出工作区域；有来访者时不可把机密文件裸放在办公桌上；离开时不要把机密信息和文件留在办公桌上；等候签批时，应把机密信息放在文件夹中。

（9）有条件的组织还可在办公区安装监控设备，在电脑上安报警系统。

三、正确处理突发事件

作为一名合格的秘书，要有能力应对办公区内可能发生的一些突发事件，如火灾、伤害、疾病等。因为组织有责任保证其办公区域内发生的所有紧急情况得到妥善的安全处理，并使对工作人员、外来人员及工作场所的危险最小化。为此，秘书应做到并督办以下工作。

（1）制定合理科学的突发事件处理程序。

（2）对全体工作人员和相关负责人做安全常识、急救、自救逃生的培训。

（3）在办公区的显著位置，公布张贴紧急事件处理程序及紧急疏导路线图。

（4）定期举行紧急情况模拟演习。

（5）明确工作人员在突发事件处理中的职责。

（6）定期检查维护安全设备，保证安全通道畅通。

突发事件重在预防，因为这会有效地把损失降到最低。如果突发事件无法避免时，除了按突发事件应急预案采取措施外，还要在事发时及时上报，事后做出准确的记录。

案例分析 >>>

工作时间，H公司总经理办公室秘书小刘正在办公桌前整理文件，财务处小王进来拿着已经签批过的用印申请单，要在三份贷款合同上加盖公司公章及法人章。于是，小刘站起来走到办公桌对面的保险柜去取印鉴。小刘刚打开保险柜的门，办公桌上的电话就响了起来，她连忙跑过去接。对方要发传真，她给了传真信号，就站在办公桌前收传真。刚接完传真，业务处赵处长来查阅一份上周的会议纪要，说是会议室内正在进行的商务谈判急等着用一份历史数据，于是，小刘又跑到文件柜那里去给赵处长找文件，此时，财务处小王已经等得不耐烦了……我们可以看出，小刘其实一直在马不停蹄地接待着各个职能部门的工作人员。一会儿工夫，她已经快跑遍秘书室的每个角落了，为什么财务处小王还是会有不满呢？

请你运用所学知识给小刘提出改进工作的建议。

第三节　电函印信的处理

引导案例4-3

秘书接听电话的技巧

对于任何一个单位而言，它的各类印章、介绍信、电函是这个单位对外联系的标志，是各部门行使职权的凭证和信息传输的重要途径与形式。严格按规定的权限范围、传递流程操作是秘书部门和秘书人员的重要职责。印章和介绍信代表了一个单位的权力和利益，而信息是一个单位的生命线，一旦出现问题可能会给单位带来重大损失，所以秘书人员有责任将印信与电函管理作为自己的一项十分重要的任务。

一、电话接挂的程序与方法

（一）接听电话

1. 及时接听

秘书一般应在第二声铃响之后迅速摘机，如果电话铃声响三次以上才拿起话筒，在拿起电话后要先向来电者真诚地表示歉意："对不起，让您久等了。"

2. 自我介绍

电话接通后，秘书人员首先要自报家门，要向对方介绍自己的单位、部门和姓名。如果是内线电话，可以只通报部门和姓名；如果是外线电话，应该通报单位、部门和姓名。

3. 确认对方

如果对方在秘书自我介绍后也作自我介绍，则可正式通话。如果对方不作介绍,秘书应有礼貌地了解对方身份:"请问您是……"如果接入电话能马上辨认出对方,便可直接称呼对方"您好!张局长(职务或尊称)",这会给对方留下特别亲切的印象。

4. 转接和电话记录

当清楚对方身份后,对方可能会要求把电话转给领导或者其他同事。

当需要把电话转给领导时,秘书人员事先要向领导说明是何单位、何人打来的电话,同时要把从对方获得的消息简要地传给领导,以便领导对所谈事项有思想准备。如果来电要找的领导不在或不能来接电话,秘书可请对方留下姓名和电话号码,等领导回来后再同他联系。

秘书在工作期间,往往还要接到打给同事的电话。这时秘书可照直转接,除非同事有明确要求,如特意提醒在某段时间内不接电话或不接某个人的电话。如果对方要找的同事不在,要表示出愿意帮忙的态度,以便更有效、更准确地传递电话信息。非正式的电话记录可以用便笺,记录完毕后可放在同事的办公桌上,方便同事回来后处理。

如果不需要转接电话,应做好电话记录。电话记录的内容应包括:"What"(电话涉及什么事,需要什么)、"When"(电话中提到的事情是什么时间)、"Where"(电话中的事情需要到哪儿去或在哪儿发生)、"Who"(所涉及的人或单位名称)、"Why"(电话中提及事情的起因)、"How"(怎样完成或处置)、"How much"(需要花费的时间或费用、要使用的物品或设备)。

5. 及时提问

秘书人员在接听电话的过程中,等了解对方的意图后,对不清楚、不明白的内容,要请对方重复或解释。

6. 复核内容

做好记录后,秘书人员要复述一遍来电的内容,以便对方检查是否记录准确、完整以及理解的是否一致,并告诉对方"一定转告,请放心"。

7. 结束通话

当双方要讲的话说完后,就应该考虑挂线了。通话结束时,一般应让主叫方先放下电话,如果对方是长辈或领导,更应如此。如果对方也在礼貌地等待,则可以客气地说:"还有事吗?我可以放下电话了吗?"以示对对方的尊重。

8. 整理来电记录

通话结束后,秘书人员应及时整理来电记录,较为重要的、复杂的电话内容应誊写在专用电话记录本上,这样便于领导批示,也便于查考和立卷存档。

（二）拨打电话

1. 通话准备

秘书应该准备好打电话的情绪，在拿起话筒时，要保持愉快的心情，以确保声音甜美、柔和；记下准确的电话号码，确切了解对方的姓名、职务和身份，事先准备好电话中要用到的文件、资料和数据。如果电话内容比较复杂，则要事先在记事本上逐一列出电话中将要谈的事情。

2. 准备拨号

拨通对方电话后，如果没有人接，不要马上挂断，或许受话人就在邻近房间，听到铃声后需要从其他地方赶过来。在听到占线的忙音后，应暂时挂断电话；过一段时间后，可以按"重拨"键重新拨叫。

3. 自我介绍

在听到对方回应后，秘书人员应主动通报自己的单位、部门和姓名，然后再确定对方的身份。

4. 清楚陈述

在确认对方是受话人时，秘书人员要以清晰的声音，将通话内容准确、清楚、完整、简洁地告诉对方。

5. 解答疑问

如果对方听不清或对某些方面提出疑问，秘书人员要耐心地给予解答。

6. 礼貌告别

秘书人员应先提出结束通话的请求，在征求对方同意的前提下结束通话，并礼貌地告别。

7. 整理记录

秘书人员对打出的电话都要记录在案，并根据通话内容的变动补充整理，以备后查。

（三）接打电话的礼仪

秘书在接打电话时，应遵循基本的礼仪规则。

1. 态度要礼貌、友好

在通话过程中，要让对方感觉到他是受欢迎的人。因此，无论是接听电话还是拨打电话，所讲的第一句话，都应由"问候语＋自我介绍"两项内容构成；还要使用礼貌用语，如"您好""请""谢谢"等。在电话交谈中，应根据不同的对象使用一定的礼貌用语，如当对方的地位高于自己时，应使用敬语；当对自己的行为动作表示歉意时，应使用谦语；当需要向对方表达你的尊敬之意时，可使用郑重语。

2. 声音要愉快、悦耳

在接打电话时,声音是向对方传递信息的唯一途径,因此,秘书要格外注意自己的音量、音调、语速、语气和轻重音。应努力做到:打电话时要保持微笑,微笑的表情有利于声音更加柔和与悦耳;语速要适中,过快的语速会让对方有压迫感,而过慢的语速则容易让对方误以为你懒散和漫不经心;音量要适中,做到既让对方听清,又不干扰对方和同事;合理的重读,可让对方理解通话的重点。

3. 吐字要清晰

注意清晰准确地发出每一个音节,确保你的交谈能使对方准确清晰地接收你的信息。秘书在平时应花一些时间去练习自己的发音,尽量不讲方言,在遇到多音字或多音词时要加以解释和说明。

4. 通话要简洁、高效

在通话过程中,要注意沟通效率。接听公务电话要尽量做到语言简洁、高效,表达准确。

二、邮件的收发与处理

(一)邮件的收取

1. 分拣

秘书收到邮件后应该按照一定的标准进行分拣。

(1)按照收件人分拣。这是最容易操作的一种标准,但实际分类时很不方便,只适用于人数较少的公司或部门。

(2)按照收件部门分拣。按一个部门一类的方法进行分类,如果邮件上写的部门本单位没有设置,则把它归入与此相近的部门。这种方法还可以与第一种方法结合起来用,先按收件部门分拣,然后根据姓名归类。

(3)按照收件的重要性分拣。秘书可以在两个方面判断出邮件的重要性:一是来信人的姓名或单位;二是信封上出现的挂号邮件、保价邮件、快递邮件、机要邮件和带回执邮件等特殊的邮寄标记。此外,电报和传真等也是比较重要的。

各个单位可以根据自己的情况设置重要性,大体分为以下几类:特快专递、航空信等急件;政府部门或上级公司文件;业务往来公函;写明领导亲启的信函;汇票、汇款单;包裹、印刷品;报纸、杂志、同事的私人信件。但各行各业的邮件分拣标准应有自己的特点,可以使用按重要性分拣与按收件人、部门名称分拣标准相结合的方法,先根据重要性分拣,然后再按其他标准分拣。

2. 拆信

邮件分好后,秘书应抓紧时间对属于自己处理的邮件予以拆封。

(1) 确定拆信的种类。

秘书在工作之初就应掌握哪些邮件可以由自己拆封,哪些应事先与单位领导达成协议或按规定行事。一般来说,对于标有"机密""秘密"字样的邮件和写有某某人亲收(启)的私人邮件,秘书不应拆封。对于写明单位领导亲启的信件,应直接交给单位领导,除非单位领导特别授权。如果秘书无意拆开了私人信件,则在信封上要写上"误拆",签上自己的名字,并在把信件交给收信人时向他道歉。

(2) 邮件拆封的方法。

① 拆封邮件前,要在邮件的底部轻轻敲击几下,使信封内的信笺落到下面,以防止信笺等物留在信封口的边缘而被剪坏。

② 用开封刀或自动拆封机沿信封的上端边缘开启信封,小心地取出信笺。

③ 取出信笺后要仔细检查信封,以免将某些重要的物件遗漏在信封里。

④ 应对邮件上注明的附件以及来信的页码与原信标明的页码进行核对,如果发现缺少,应在邮件上注明。

3. 阅函

如果得到单位领导授权,秘书应及时对信函进行阅读处理。如果来信涉及的内容属于自己的工作范围,秘书应根据来信人的要求及时予以办理。

4. 登记

秘书在拆启邮件及阅函的过程中,还应对与单位有关的重要邮件进行登记,这样既方便秘书对重要邮件的去向、来函办理情况等进行掌握和跟踪,也能保证重要信函的安全归档。登记表可根据实际情况自行设计。

有的单位,如法律部门和"三资"企业,除了要做好登记表外,还要求在收到的公务邮件上盖上或写明收到的具体时间,一般是标注在信纸的左上角或右上角。

对于一些邮件来往不多的组织,秘书在处理邮件时,拆封、阅函和登记几个环节往往是交叉在一起的。

5. 呈送

在对邮件进行拆封登记的过程中,秘书还应在邮件的右上角加盖或手写收件日期,这是因为一些信函成文时间与发出时间可能会有较大的间隔,也方便秘书分辨信函是否已经做过处理。同时,秘书还应按照轻重缓急程度对需呈送的邮件再作细分,从而保证重要信函得到优先处理。细分信函的方法主要有两种:一种是将信函分成需马上处理,需研究或查找相关资料后再作处理,可以交由其他人处理,仅供参阅不需回复四类。按照顺序,将需先处理的放在最上面。二是将信件分为急件、要件和普通件三类,分别归入规格相同但颜色各异的专用文件夹内,然后再呈送各相关部门办理。当然,秘书也可根据工作的特点采用其他的分类方法。

在将邮件呈送给有关部门或有关领导,特别是一份邮件要供多个领导传阅时,秘书也可根据实际情况在呈送的邮件上附送"邮件传送单"和"传阅顺序单"。

(二) 邮件的寄发

1. 检查附件

如果邮件有附件,秘书应认真检查,防止遗漏,以确保附件的准确和安全。

2. 签发邮件

除紧急邮件外,秘书应把拟好的需单位领导过目签字的邮件集中在一起,请单位领导签字。

3. 复印存档

对于重要邮件,应复印存档。

4. 打印信封

信封的书写格式,中文和英文不同,秘书应根据收件人来确定采用中文还是英文格式,然后再打印信封。

5. 核对名址

在交寄邮件之前,秘书必须认真核对收件人的姓名和地址等,以确保邮件投递准确。

6. 装封登记

邮件装封除了要考虑方便收件人拆阅(故折叠时宜将信纸的上下或左右纸边留出大约 0.5 cm 的距离)外,还要注意整齐美观(根据所使用信封的大小,信纸可不折叠,也可采用二折法、三折法或四折法)。对于多页信纸应按顺序折叠成一叠,不能单页折叠。若有附件,附件应与信件正文分开,并把附件叠好放在正文的最后一叠中,这样收件人在取信时,附件也会一同取出。

秘书还应对发出的邮件予以登记,以便工作的落实与跟踪。

三、印章的管理与使用

(一) 印章的保管

如果组织的印章交由秘书保管,秘书应该严格按照组织要求或领导交代妥善予以管理。

如果有用章需求,应当经过具有印章批准权限的领导批准后方可按照工作程序使用。

秘书要养成良好的工作习惯。印章应当在使用前和使用后放置在专门的抽屉或保险柜里,不用时应当把抽屉或保险柜锁好。如无特殊需要,印章不宜带出办公室,更不能交由他人使用。

(二)印章的使用程序和方法

1. 用印申请

使用印章的人员应向主管领导提出口头或者书面的用印申请,得到批准后,方可向保管印章的秘书人员提出用印要求。

2. 用印签批

相关人员在使用印章前,要填写用印登记表,详细填写相关信息。

3. 用印规范

(1)确定用印方向。为防止出现倒盖印章的现象,可在印章的握柄上端作一"上"的标记。

(2)蘸匀印泥。为使印章的每一个字都能均匀地蘸满印泥,印泥应轻蘸数次,按印泥时要轻重得当,用力均匀,从而使印色浓淡适宜。

(3)端正盖印。秘书人员在盖印时应有橡胶印垫或其他衬垫,也可垫一些纸或书籍,加盖的印章应清晰、端正,并且在规定的位置盖印。盖印应该上不压文,骑年压月。

4. 用印监督

印管人员对印章的使用有监督权。用印前,印管人员必须对用印内容予以审阅,协助领导把好关。如果发现问题,应在纠正并报请有关领导同意后再盖章。一般情况下,除非有机关领导人的特别批准,印管人员不宜在空白凭证上盖印,更不能"以印谋私",也不能"有求必印"。

案例分析

秘书小张正给领导拟写一份紧急文稿。此时电话铃声响起,小张皱了一下眉头,很不耐烦,待铃声响了好几遍,她才拿起电话。

小张:"喂,找谁?"

客人:"某某先生在吗?"

小张:"不在。"

客人:"那他什么时间能在?"

小张:"不清楚。"

客人:"你能告诉我他的手机号码吗?"

小张:"这不太方便,手机是私人电话。"

客人:"那……"

小张:"你过一会儿再打来吧"。

小张说完就把电话挂了。刚挂完电话,又有电话打进来。小张很不耐烦地接起电话。

小张:"某某公司。"

王总:"我是A公司的王总,你们李总在吗?"

小张:"王总,您好。李总不在,他去上海和外商彼得先生洽谈某某业务去了。大概后天回来。"

王总:"哦。那曲总在吗?"

小张:"曲总正在开会,我去帮您喊。"

小张说完就把电话仰放在计算机桌上,去隔壁会议室喊曲总。会议议程已经进入关键阶段,曲总对小张进来很不满意,便对小张说:"我现在不方便,你帮我处理一下。"

小张:"啊……"

请问:小张在上述电话处理中有哪些不当之处?

第四节　办公接待工作

引导案例4-4

办公接待工作基本要求

一、接待工作类型

接待工作,是指组织在对内、对外联络交往中所进行的接洽招待工作。接待工作是组织整个联络工作的一个重要组成部分,也是秘书工作的一个重要内容。接待工作的好坏,不但直接体现了秘书个人的素质和能力,更能直接反映出一个组织的工作作风和外在形象,涉外组织的接待工作有时甚至影响着一个国家的形象。因此,秘书必须重视和切实做好接待工作。

按照不同的标准,接待工作可以分为:上级检查、业务往来、参观访问等一般事务接待;内宾接待和外宾接待;个别接待和团体接待;有约接待和无约接待;日常一般性接待和高规格接待。

二、接待工作程序

(一)制订接待计划

俗话说:"凡事欲则立,不预则废。"一般来说,团体接待,尤其是接待重要团体的第一项工作就是制订接待计划。具体来说,接待计划大体应包括如下内容。

1. 接待规格

秘书必须能根据来访者的身份确定接待规格。接待规格实际上就是来宾所受到的礼遇,它体现出接待方对来宾的重视程度。接待规格的高低,往往根据接待的目的、性质以及来宾的身份、地位、宾主双方的关系等实际因素来确定。接待规格主要取决于接待方的主陪人的身份,从主陪人的角度论,接待规格有三种。第一种是高规格接待。所谓高规格接待,就是主要的陪同人员比主要来宾的职务高的接待方式。一般来说,对组织价值大的重要接待,可采用高规格接待,如企业对初次来访的重要客商,就多采用高规格接待。采用高规格接待的目的是要表示对对方的重视和礼遇。第二种是对等规格接待。所谓对等规格接待,就是主要的陪同人员与主要来宾的职务相当的接待,这是最常见的接待规格。第三种是低规格接待。所谓低规格接待,就是主要的陪同人员比主要来宾的职务低的接待。这种接待常见于基层,如上级领导来检查工作,只能是低规格接待。接待规格往往通过迎送、宴请、陪同、食宿等方面来体现。

接待规格是从陪同领导的角度而言的。接待规格过高,影响领导的正常工作;接待规格过低,影响上下左右的关系;对等接待是最常用的接待方式。作为秘书,确定接待规格时应慎重全面地考虑。

2. 接待规格的确定

秘书在了解了客人的身份和来访目的后确定由谁来出面接待最合适。但接待规格的最终决定权都在领导那里，秘书仅提供参考意见。当接待规格定下来以后，秘书应把自己这方主要陪同人员的姓名、身份等情况告知对方，征求对方意见，得到对方认可。

3. 日程安排

接待日程安排应该制定周全，尤其是接待活动的重要内容不可疏漏，比如安排迎送、拜会、宴请、会谈等事宜。接待日程安排还要注意时间上的紧凑，上一项活动与下一项活动既不能冲突，也不能间隔太长。

4. 经费预算

接待方案中应该对接待经费的来源和支出做具体的说明。如接待经费列支包括的项目有：工作经费（租借会议室、打印资料等费用）、住宿费、餐饮费、劳务费（讲课、讲演、加班等费用）、交通费、参观、游览、娱乐费用、纪念品费、宣传、公关费用，其他费用。

5. 工作人员

根据接待工作规格和活动内容确定工作人员的构成和数量。在接待计划中，要确定各个接待环节的工作人员，实行专人或专项负责制。为了让所有有关人员都准确知道自己在此次接待活动中的任务，提前安排好自己的时间，保证接待工作顺利进行，可制定并填写表格，印发各有关人员。此外，还要对有关人员进行礼仪、接待常识方面的培训，避免在接待过程中出现不必要的失误。

6. 其他事宜

接待工作需要考虑的其他事宜包括翻译服务、新闻报道、安全警卫、医疗卫生、导游、礼品赠送、代购车船票等。

（二）开展接待工作

客人到达后，即进入正式接待工作状态。在按接待工作方案逐项落实的同时，还要根据情况的变化，随时采取应变措施。

1. 迎接来宾

迎来送往是接待来宾的基本方式，要根据客人的重要程度和不同情况采用不同的迎接形式。一般的接待工作，领导人的身份应该和来宾的身份相当，并提前到达迎接地点。如果是远道而来的客人，秘书应提前到车站、机场或码头迎接，以示对来宾的欢迎。重要的访问，还可以举行一定的迎接仪式，如列队迎接、献花等；如果是外宾，要注意对方国家的禁忌风俗。

2. 会见、会谈的接待

会见、会谈也是接待工作中的重要环节。会见是指双方或多方代表见面会晤,就共同关心的问题交换意见。会议指双方或多方就某些重大问题进行深入接触,交换意见。会见与会谈往往相辅相成。

会见和会谈的区别,主要是通过三个方面体现出来。一是对身份要求不同。会见中,各方代表的身份可以高低不同,但会谈时各方代表的身份除特殊情况外,一般都要求对等。二是目的不同。会见的目的较会谈更为广泛,也不要求一定要达成书面协议,但会谈的目的则是要求通过深入接触,达成共识并最终形成书面协议。三是约束力不同。会见达成的共识往往是口头性的,因而难以产生严格的约束力,但会谈达成的书面协议只要符合法规法律,就具有严格的约束力,并受到法律保护。

在主客双方进行会见、会谈时,秘书要注意以下问题。

(1) 座位安排。会见时应遵循"主左客右"的原则,即客人坐在主人的右边。座位通常是成扇形或半圆形。双方会谈一般将谈判桌排成长方形,双方各坐一边,主方位于背门一侧,或进门后的左侧。双方主谈人位于谈判桌中央,其他人员按右高左低排列。多边会谈的座位可摆成圆形或方形。桌上应放置中文座位卡;涉外会谈时,要同时放置对方语种的座位卡。

(2) 合影。如有合影仪式,应事先安排好合影图,准备好必需的摄影器材。合影图一般是主人居中,主人的右侧为上,主客双方按礼宾排序排列合影,以主人右手为上,主客间隔排列。第一排人员既要考虑身份,也应考虑能否都摄入镜头。通常由主方人员分站两侧。

3. 宴请接待

客人到达后,主人都会安排宴请活动。确定正式宴请的具体时间,主要遵从民俗惯例。主人不仅要从自己的客观能力出发,更要讲究主随客便,要优先考虑被邀请者,特别是主宾的实际情况,不要对这一点不闻不问。如果可能,应该和主宾协商一下,力求两厢方便。至少,也要尽可能提供几种时间上的选择,以显示自己的诚意,并要对宴请时长进行必要的控制。

另外,用餐地点的选择也非常重要。首先,环境幽雅。宴请不仅仅是为了"吃东西",也要"吃文化"。如果用餐地点档次过低,环境不好,即使菜肴有特色,也会使宴请大打折扣。在可能的情况下,一定要争取选择清静、优雅的地点用餐。

其次,卫生条件良好。在确定宴请地点时,一定要看卫生状况怎么样。如果用餐地点太脏、太乱,不仅卫生问题让人担心,而且还会破坏用餐者的食欲。

此外,要充分考虑到来宾的民族禁忌、口味禁忌等特殊情况,这都需要提前对来宾情况有充分的了解。

4. 参观游览及娱乐活动

团体接待一般都会安排参观游览及娱乐活动。这既是接待工作的一项内容,也是联络感情的一个重要方法。在游览参观过程中,主客双方不但可以随时继续进行交谈,而且可以进一步加深理解、沟通感情,为今后双方的愉快合作打下基础。

安排参观游览时,主方要结合实际情况,根据来宾来访的目的和要求,选择好参观游览点。主宾参观游览时,通常由秘书陪同,此时秘书又充当了导游的角色,秘书应在陪同中处处照顾,还要对参观线路、用餐等做好提前安排,并对参观景点做适当介绍,这就要求秘书人员应熟悉当地古迹、风光的特色,历史沿革及相关典故。在参观游览过程中,主方还可以酌情赠送有意义的、合适的纪念品,也可以选景摄影留念。

来宾逗留期间,主方可以安排适当的文娱活动,如观看文艺演出等。在安排活动时,既要从实际可能出发,又要尊重来宾的意愿。如果是涉外接待,主方在组织文艺演出时,要注意安排一些具有民族风格的节目,同时要注意避免因政治内容、宗教信仰或风俗习惯等问题而引起一些不必要的误会和不快。

(三) 善后总结工作

应善始善终地做好接待善后工作。

1. 通知接站

为客人订购返程的车、船、机票,并送到客人手中,或为客人租用返程车辆。将客人所乘车(船、机)班次时间通知客人前往的单位,以便接站。如果客人离接待地较近,一定要提前通知,以防误事。安排送客的车辆,并由接待人员将客人送至车站、码头或机场。如属重要客人,安排领导人前往送行。

2. 总结提高

要认真总结经验,对工作中出现的失误,要进行分析,找出原因,吸取教训,以便以后工作的开展,对参与接待工作的有关单位表示感谢。

3. 文件归档

把本次接待工作中形成的文件、材料收集齐全,整理归档,以便查阅。

三、接待礼仪

礼仪是人们在社交活动当中所共同遵守的礼节和仪式,即应当遵守的一种礼貌行为规范和法则。迎客、待客、送客是接待工作中的基本环节,也是接待工作的基本要求。

(一) 亲切迎客

迎来送往,是接待工作的一个重要环节,是表达主人情谊、体现礼貌素养的重要方面。尤其迎接,是影响客人第一印象的最重要工作。给对方留下好的第一印象,就为下一步深入接触打下了基础。这里的迎送既指有关的接待人员到车站、码头和机场等交通场所迎接送别来宾,也包括在接待过程的每一项接待活动中,接待人员在活动的举办地迎送来宾。

在迎客中应特别注意以下礼节。

1. 握手

握手致意是迎来送往的基本礼节。按照传统习惯,我国在接待来客时的礼节一般是握手,宾主之间,主人有向客人先伸手的义务,主人主动、热情、适时的握手会增加亲切感。不过,握手时应该注意以下几点。

(1) 通常情况下,应由主人、年长者、身份高者或女士先伸手,而客人、年轻者、身份低者或男士先表示问候,待对方伸出手后,立即回握。如果是一个人需要同许多人握手,那么最有礼貌、符合礼节的顺序是:先女士后男士,先长辈后晚辈,先上级后下级。

(2) 行握手礼时,距离受礼者约一步,上身略微前倾,伸出右手,拇指张开,其余四指并拢,手掌垂直,不能掌心向下,在与腰际同高的位置,与对方伸过来的手认真一握。礼节性的握手,持续时间以3—5秒为宜,礼毕即松开。

(3) 握手时,应双眼注视前方,千万不要一边握手一边斜视他处,也不要边握手边拍打对方的肩膀。当来客不止一人时,可一一握手,但不要交叉握手。握手时,用力要适中,不要握得太用力、太久,那样显得鲁莽冲动或太过热情;也不要握得太无力或太轻,那样显得不够诚恳热情。

(4) 握手时,应伸出右手,决不能用左手,也不宜戴手套。如果因故来不及脱掉手套,应向对方致歉。

(5) 握手时,手要干净,不能伸出脏手,使对方难堪。另外,手上有汗的人,在握手前应先将手擦干,否则也会使对方感到很不舒服。

2. 问候

如果是第一次来的客人,可以说:"您好!见到您很高兴。我是某办公室的秘书,请问您有什么事情需要我帮忙吗?"对于曾经来过的客人,相别甚久,见面则说:"您好吗?很久未见了。"礼貌的问候是进行下一步交谈的良好开端。

3. 称呼

接待客人时的称呼,应视具体环境、场合,并按约定俗成的规矩而定。知道其职务时,在一定场合也可称职务,如"某处长""某经理""某厂长"等。用恰如其分的称谓来称呼客人,是秘书素养的一种表现,也是与客人交谈的良好开始。

4. 接递名片

接递名片时,也要注意礼节。客人递过来名片时,秘书应用双手接住。接过名片后,要认真仔细地看一看,并小声重复一遍名片上的名字及职务,以示确认。同时,还要向对方表示感谢。然后,很郑重地把名片放入名片夹内,或放进上衣上部的口袋里。千万不要看也不看即装入口袋,也不要顺手往桌子上一放,更不要往名片上压东西,这样对方会感到受轻视。如需要交换名片时,秘书可以掏出自己的名片与对方交换。

递送名片时,一般是来宾或地位较低的人或晚辈先行递出;递送时起立,上身稍微前倾以示尊敬,用双手的食指和拇指分别夹住名片的左右端递过去,名片中字的正面应朝着对方,便于对方立即阅读。当对方不止一人时,应先把名片递给职务较高或者年龄较大者;若看不出职务高低或年龄大小,则可从最先进来的一边开始,依次交换名片。

秘书人员不要生硬地向客人索要名片,而应以请求的口气说:"假如您方便的话,是否可以留下名片,以便今后加强联系。"可以含蓄地向对方询问单位、通信处、电话号码等,如果对方带有名片,就会较自然地送上。

(二) 热忱待客

秘书要热情周到地接待来访者,必须注意以下环节中的礼节。

1. 交谈

人们都以语言进行情感的交流和信息交流,所以秘书与来访客人间的语言交流必不可少。秘书与客人交谈时,要保持适当距离,不要用手指人或拉拉扯扯。要善于聆听来访客人的谈话,目视对方以示专心。谈话中要使用礼貌语言和注意谈话内容,一般不询问女士年龄、婚否;不径直询问对方的个人私生活以及宗教信仰、政治主张等问题;不宜谈论自己不甚熟悉的话题。

2. 引见

秘书在问清来访者的身份、来意后,需要领导出面会见或其他部门人员出面会见的,秘书要在请示领导并得到领导同意后,为其引见。

秘书在带领来访者时,要配合对方的步幅,在客人左前侧一米处引导。在引路时,侧身向着来客,保持两三步距离,可边走边向来宾介绍相关情况。转弯或上楼梯时,先要有所动作,让对方明白所往何处。当引导来访者上楼时,应该让来访者走在前面,秘书走在后面;若是下楼梯时,秘书应该走在前面,来访者走在后面。如要乘电梯,则应先告诉客人楼层,然后在电梯侧面按住按钮,请客人先入电梯,秘书进去后再按楼层键;下电梯时也应请客人先行。

到达会客室或领导办公室前,要指明"这是会客室"或者先说一声"这里就是……"进门前应先叩门表示礼貌。得到允许后,把门打开。如果门是向外开的,秘书拉开门后,侧身在门旁,用手按住门,让客人先进;如果门是向内开的,秘书推开门后,自己先进,按住门后再请客人进入。一般右手开门,再转到左手扶住门,面对客人,请客人进入后再关上门,通常叫作"外开门客先入,内开门己先入"。到会客室或领导办公室后,要引导客人就座。在就座时,要遵守"右为上,左为下"的礼节,用手势示意客人,请客人坐在上座。一般离门较远的座为上座。长沙发和单人沙发中,长沙发为上座。

客人落座后,秘书要主动地用消过毒的干净杯子为客人倒好茶水并双手递上,手指不能触及杯口。

3. 介绍

秘书引领来访者进入会客室或领导的办公室后,当领导与来访者双方见面时,如果是第一次来访的客人,应当由秘书简要地将双方的职务、姓名、来访者的单位和来访的主要目的作一介绍。如果双方已是熟人,多次见面打过交道,则可免去这一过程。介绍时的基本礼节包括以下几方面。

(1) 站立介绍,不要背对任何一位。

(2) 介绍的先后顺序,总的原则是"四先四后":先将男士介绍给女士,先将年轻者介绍给年长者,先将地位低者介绍给地位高者,先将客人介绍给主人。如果把一个人介绍给众人时,首先应该向大家介绍这个人,然后再把众人介绍给这个人。当把大家介绍给一个人时,其介绍可以按照座位次序或职位高低顺序一一介绍。介绍的内容主要是被介绍人所在单位、职务、姓名等,尽量简明,不作渲染。

(3) 介绍时,手势动作应文雅、礼貌。手臂向被介绍者微伸,手心向上,四指并拢,拇指张开,切不可用伸出一只手指指点别人的方式介绍。

(4) 介绍完毕后,可请示领导是否还有吩咐,或为双方送上茶水后即有礼貌地告退。出门时,面向室内轻轻地将门带上。

(三) 礼貌送客

当秘书与来访者交谈完毕或领导与来访客人会见结束,一般秘书都应有礼貌地送别客人。"出迎三步,身送七步"是迎送宾客的最基本的礼仪。当客人起身告辞时,秘书应马上站起来相送。一般的客人送到楼梯口或电梯口即可,重要的客人应送到办公楼外或单位门口。如果以轿车送客,还要注意乘车的座次。乘小轿车时通常是"右为上,左为下;后为上,前为下"。小轿车后座右位为首位,左位次之,中间位再次之,前座右位最后。上车时,入右座进右门,入左座进左门,不要让客人在车内移动座位。送客时,秘书应主动把车门打开,请客人上车并坐在车后排右侧。不过,如果停车位置不便于客人从右侧上车,秘书也不必要客人从左边挪过去,这样反而不自然。

送行是决定来访者能否满意离开的最后一个环节。因此,能否将这最后一个环节的工作做好,是秘书能否善始善终地接待好来访者的具体体现。送要有送的语言,要说"再见,欢迎您下次再来""慢走"等礼貌用语;送也要有送的姿态和行为,当客人带有较多或较重的物品时,秘书应帮客人代提重物。与客人在门口、电梯口或汽车旁告别时,要与客人握手话别。秘书要以恭敬真诚的态度,笑容可掬地送客,目送客人上车或离开。

案例分析 >>>

秘书小李在总经理办公室遇见了原工作单位的老领导一行人,他便迎上前去热情地握住她的手,边握手边寒暄。然后,掏出自己的名片,发给每一个来访者。

请问:小李的举止对吗?为什么?

第五节 值班保密工作

引导案例4-5

值班保密常抓不懈

大多数组织都实行八小时工作制,白天工作,夜晚休息;实行双休制。但是业务的持续运转,信息的传递,重大的突发事件,往往并不受工作作息表的制约。这就要求组织安排值班人员来适应这类情况的发生。

作为秘书不但自己要经常面对值班工作,还要学会科学合理地做出值班安排。

一、值班工作

（一）值班工作的主要任务

值班管理是秘书的工作之一，各单位和部门值班的任务都各具特色。一般说来，值班的工作任务主要有以下几个方面。

1. 传递信息

值班工作起着沟通多方信息的作用。值班人员每天会接收大量的信息。有来自上级领导机关的指示，有来自平行单位的协商事项，有来自下级单位的请示，以及本单位的一些突发事件，等等。值班人员接到这些信息后，应立即做好记录，根据内容的紧急程度，送相关领导和部门审阅。领导交办后，值班人员应立即通知有关部门或人员办理。

2. 公务接待

在值班期间，因事来值班室联系接洽的人很多。对群众来访要做好解释和疏导工作，应由职能部门接待解决的要及时通知有关部门；对于来洽谈工作的人员，应验明身份证件、问清意图后，协助并指引其办理有关事务；要为外地来参观访问、联系工作、业务学习的人员安排好食宿。值班人员要热情、耐心地接待来访者，并认真填写值班接待登记表或值班日志。

3. 处理紧急电文和突发事件

值班人员接收到需紧急处理的电文时，应及时向领导汇报，以便迅速处理。如来不及请示，应根据实际情况做好应急处理。如果遇到生产、交通事故、火灾、盗窃、自然灾害等突发事件，值班人员应冷静、沉着，立即报警，迅速部署工作，或就近组织人力抢险并紧急转移机要文件和贵重物资。

4. 承办领导交办的临时事项

值班工作有很大一部分是承办上司交办的事项。常见的事项有以下几类。

（1）临时性的会议通知。一些临时决定召开的会议，因时间紧，来不及发书面通知，在这种情况下，值班人员使用电话或其他方式召集有关部门和有关人员参加会议。

（2）任务询查。查问有关部门和人员对领导指示的贯彻落实情况，并将查问的结果及时回复交办领导。在工作过程中，值班人员要适当发挥一些职能部门的作用，以便顺利地完成任务。

（3）向有关单位和部门传达上级领导的指示。

5. 协调安全保卫工作

秘书部门要组织好值班安全保卫工作,值班室与保卫部门协调配合,防止不良问题的发生。

(二) 值班工作的要求

1. 坚守岗位

值班人员要明确岗位职责。坚守岗位,不得擅离职守,这是值班工作最基本的原则。在规定的值班时间内不能脱岗,并始终保持通信联络的畅通。因为随时都有可能出现突发事件或紧急情况,值班人员要随时应付复杂的局面。当班人员如有病、有事,应提前向主管领导请假,以便安排他人替岗。接班人员如未到岗接班,上一班人员应继续坚守岗位,并请示主管领导,不得擅自离岗。

2. 态度认真

值班工作庞杂、琐碎,处理起来有时比较麻烦,但当班人员应抱着不厌其烦的态度认真处理,如果出现差错或处理不当,会给单位的工作质量和对外形象造成不良影响。因此,值班人员必须有认真负责的态度。值班人员应真正担当起信息员、收发员、联络员、接待员的多重角色。值班人员思想上应当高度重视,认真负责地做好每一项工作。

3. 处理及时

值班时承办的工作,一般时间性都很强,所以,值班人员必须随交随办,不能拖拉和延误。比如对突发事件的处理,就必须反应迅速,刻不容缓。

4. 做好记录

值班人员办理一切事项,都要将起因、经过、结果记录在专用的值班记录本上,内容要规范化。各个单位值班工作内容具有不同的特点,总的来说要做好三项记录。

(1) 值班电话记录:主要包括来电时间、来电人姓名、来电单位、来电内容等。

(2) 值班接待记录:主要记录来访人员的姓名、单位、来访事由、联系方式等内容。

(3) 值班日志:主要对外来的电报、电话、信函、反映情况等,进行认真登记,使接班人员保持工作的连续性,并及时将重要或需要紧急处理的信息向有关人员通报。

5. 了解领导的活动情况

如果领导外出,秘书要将该情况告知值班人员,以便随时取得联系。值班人员要了解上司外出所在地和电话号码,以方便汇报、请示、联系等工作的顺利开展。

（三）值班安排表的制作

编制值班安排表是秘书管理工作的内容之一。值班人员名单可由单位各部门提出,经秘书部门初步安排并与有关部门协商后报领导审定。建立一个值班安排表要明确以下要素。

(1) 值班表的名称。
(2) 值班表的使用期限。
(3) 值班具体时间。
(4) 值班具体地点。
(5) 值班人员姓名及电话。多人值班时,要明确负责人。
(6) 值班要求或注意事项。

值班安排表的参考格式见表4-2。

表4-2　S公司2019年9月值班表

时间	值班人			带班人	
	姓名	所在部门	联系电话	姓名	联系电话
9月1—7日	王　丽 李　浩	财务处 财务处	××× ×××	汤　亮	×××
9月8—12日	孟　醒 曹爱华	业务处 业务处	××× ×××	李春华	×××
9月13—14日	崔刚强 袁海岩	营销处 营销处	××× ×××	杨芳菲	×××
9月15—19日	汪洋阳 李大朋	人事处 人事处	××× ×××	宋春丽	×××
9月20—21日	何　强 王芳芳	审计处 审计处	××× ×××	陈桂芳	×××
9月22—30日	许天阳 刘水天	公关处 公关处	××× ×××	张爱荷	×××

（四）值班工作记录表的制作

做好值班记录是秘书人员做好值班管理的一个必要环节。秘书人员可根据本单位或部门值班工作的性质建立各项值班记录表。编制值班记录表不仅是一个程序上的工作,还是值班工作做得好与坏的凭据。

1. 值班日志表的制作

值班日志以天为单位，记录工作中遇到的情况。其内容一般包括值班期间的来人、来电、来函、领导批示、上级交办的事项、值班人员办理事项等。值班日志有利于下一班值班人员了解情况，保持不同班次工作的连续性；有利于上级领导了解、检查、考核值班工作；有利于为编写情况反映、工作简报等提供参考资料。

值班日志的参考格式见表4-3。

表4-3 值班日志

值班日志（一）			
时间	9月6日18时30分—9日7时30分	值班人	王丽、李浩
记事	一切正常	待办事项	运输处取货
承办事项	H公司业务员来访，询问代理条件	接班人签字	曹爱华
处理结果	取货通知单已送交运输处，向H公司业务员介绍公司的代理条件，并请他周一来公司找业务处工作人员详谈		

值班日志（二）			
时间	9月7日7时31分—8日18时30分	值班人	孟星、曹爱华
记事	二楼客梯发生故障	待办事项	修理电梯
承办事项	晚报前来预约报道公司大型促销活动，已做登记	接班人签字	袁海岩
处理结果	二楼客梯已与生产厂商联系报修，修好前已经停用并做了显著标志		

2. 外来人员登记表

值班期间，值班人员应对进出单位的人员、车辆、携带物品等进行登记。登记表可以由进出人员自己填写，也可由值班人员代为填写。外来人员登记表参考格式见表4-4：

表4-4 外来人员登记表

序号	姓名	性别	单位	车号	自带物品	办理事项	进入时间	出门时间	备注
1	姜丽	女	宏发物资公司		样货一箱	申请代销	2019年5月25日9：00	2019年5月25日10：20	无预约
2	宋刚	男	市地税局	×××		联系中期审计事宜	2019年5月25日9：15	2019年5月25日10：00	有预约

3. 接待记录

接待记录要编号,记录下来访人员的姓名、单位、来访时间、来访的目的,值班人员的姓名、拟办意见、处理意见等。接待记录参考格式见表4-5。

表4-5 接待记录

来访人员姓名:王明	来访人员单位:HM公司
接待时间	2019年5月25日9:40
内容	谈代理事宜
拟办意见	请来访者留下该公司资料及代理条件的纸件,报总经理阅并转业务部信息科着手调查该公司的资信
领导意见	经电话请示,领导同意值班秘书的处理意见
处理意见	按拟办意见处理,并做好记录和资料留存

4. 值班电话记录表

电话是值班人员使用最频繁的对外联系工具。电话记录应简明扼要。值班人员记下通话时间、接电话人姓名。通话内容核实后,记录者要签字负责。值班电话记录表的参考格式见表4-6。

表4-6 值班电话记录表

编号:0036	时间:2019年5月25日16时25分到16时30分		
来电单位	省农业银行	发话人姓名	张明
来电单位电话号码	××××	值班接话人姓名	赵芳
通话内容摘要	通知财务处办理贷款担保事宜		
领导意见	转财务总监处理		
处理结果	电话告知财务总监,并及时填写了电话记录	值班人签字:许龙	

(五)交接班

值班结束后,应有完备的交接班手续,如建立交接班登记簿。交接班时,要注意以下事项。

(1)当面交接。

(2)交齐各项值班记录表,说明在班内出现的情况和处理方法。

(3)接班人清点物品,并与记录表进行核对,比如值班钥匙数目、仓库设备数量等。

(4)交接班双方签字。

二、保密工作

无论是机关单位还是企事业单位或者私人的秘书,其工作内容都或多或少地涉及机要和秘密,或者是个人的隐私。所以,善于保守秘密就成为秘书人员的首要职业道德。

(一)保密工作的含义

保密工作是指国家机关、企事业单位从本组织的安全和利益出发,将组织秘密控制在一定的范围和时间内,防止泄露和被非法利用,从而发挥最大效益而采取的各种措施与手段。它包括进行保密教育和培训、设置保密场所、建立健全保密制度、应用防泄密和防窃密的技术设备等各项工作。

(二)秘书保密工作的要求

(1)要重视保密工作,警惕思想上的麻痹和工作上疏于防范的不良苗头及倾向。

(2)要严格遵守保密制度和纪律,在思想上树立高度的保密观念和政治责任感:

① 不该说的秘密绝对不说;
② 不该问的秘密绝对不问;
③ 不该看的秘密绝对不看;
④ 不该记录的秘密绝对不记;
⑤ 不在非保密本上记录秘密事项;
⑥ 不在私人通信中涉及秘密事项;
⑦ 不在公共场所和家属、子女、亲友面前谈论秘密;
⑧ 不在不利于保密的地方存放秘密文件、资料;
⑨ 不用普通电话、明码电报、普通邮局传达秘密事项;
⑩ 不携带秘密文件资料游览、参观、探亲、访友和出入公共场所。

(3)要掌握一定的保密知识。

(4)认真处理好信息披露与保密工作的关系。

(三)常见的秘书保密工作

秘书人员在其工作过程中经常会接触到各种秘密事项,其知密的范围相当广泛。常见的涉密事项有以下几类。

(1)文件保密。
(2)计算机保密。
(3)通信保密。
(4)会议保密。

（5）领导人隐私保密。

（6）商业机密保密。

（四）文件保密工作

文件是组织秘密的重要表现形式。秘书人员要做好文件的保密工作。

（1）保密文件的起草。秘书人员在起草保密文件时尽量避人；存储要隐蔽，对文件和文件夹进行加密。

（2）保密文件的印制。保密文件要严格按照批准的份数印刷，不得擅自多印；保管好文件草稿；打印、复制过程中出现的废纸要妥善销毁；最好由专门的机要人员进行打印和复制。

（3）保密文件的传递。传递保密文件要专送，传递人在传递途中不得办理无关事项，要时刻注意人身安全和保密文件的安全。

（4）保密文件的接收和拆封。保密文件的接收往往由机要室的秘书来进行，接收后要按照专门的处理程序处理文件，防止无关人员接触保密文件。

（5）保密文件的处理。秘书人员不得对保密内容擅自摘抄、摄影、转借或传阅；处理完毕后要遵循保密文件的处理规范妥善保管。

（6）保密文件的存放和保管。保密文件要存放在有保密保障的房间和文件柜里；保密场所要严格管理，任何无关人员未经许可不得入内；定期检查保密场所的电器设备和防盗、消防器材的完好状态，确保秘密档案材料的安全；保密文件要专门登记入册，防止丢失和遗漏。

（7）保密文件的清查和清退。保密文件应定期清查，凡分发和借出的，应按时清退；在清退的过程中发现丢失的，要及时追查处理。

（8）保密文件的销毁。保密文件应该在定点、专人监督下彻底销毁。

（五）计算机保密工作

计算机保密工作，要从意识、技术两个方面入手。

（1）要提高计算机安全保密的意识和观念。秘书人员应该具有这样的常识：要将保密文件存储在专用电脑上；内部网络和外部网络物理隔离；不得在国际互联网的计算机信息系统中存储、处理、传递保密文件；计算机维修时，要时时监管；和计算机软件提供商签订保密协议；等等。

（2）要依靠技术手段防泄密。计算机保密工作还要依靠相关的技术手段，如涉密电脑的屏蔽、网络的身份识别与验证、用户的权限限制、网络病毒的防护、保密文件和文件夹的加密等，都可以加强网络安全。

第四章 秘书的日常事务工作

案例分析

案例一

突然到来的"舅舅"

秘书小张就职于一家国有企业,某天由他值夜班。在检查完各部门水电之后小张突然接到门卫报告:有个自称厂长舅舅的人来找厂长。

如果你是秘书小张,接下来你该怎么办?

案例二

男朋友的工作调动

秘书钟苗的男朋友是公司市场部高山。他俩的恋爱关系早已到了谈婚论嫁的程度,但为了不影响工作,两人的关系在公司里一直处于保密状态。不过,他俩准备在今年中秋节的公司员工联欢会上向同事宣布。

这天上午,公司例行召开董事会,讨论人事问题。钟苗负责会议服务。

"公司驻重庆的西南代表处的王经理已经在那里工作快两年了,因为公司的业务需要,一直没能休假。按公司惯例,应该调回公司总部了。"人力资源部的刘经理说。

"派市场部高山去如何?他还没有结婚。"公司一位副总这样提议。

"我看可以。"公司总经理说:"那就这样定了吧,这个月底就发调令,让他过去。"

人力资源部的刘经理马上回答:"行!我们在月底前给高山办好调令。"于是,高山去重庆工作的事就这样定下来了。

这天下班后,钟苗和高山又相会在环城公园的那棵熟悉的玉兰树下。

"我想我们国庆节举行完婚礼后,可以利用后面的一周长假出去旅游,你看这几个地方怎么样……"高山说着,递给钟苗一本精致的新马泰旅游小册子。

面对这种情况,钟苗应该如何处理?现在钟苗有这么几种选择:

A. 你下个月就要调到重庆分公司去了,我们的婚期可能得推迟。
B. 到时候再说吧!
C. 默默无语。
D. 高山,听说你们部又新来了一个漂亮的女同事,是吗?
E. 好,我俩就去新马泰旅游。

对于钟苗以上几种选择,你认为哪种选择比较合适,请说明理由,并对其他几种选择进行评析。

第六节　办公时间效率的管理

引导案例 4-6

提高办公时间效率的管理最有效的方法

在当今竞争日益激烈的市场环境下,如何持续保持高效的管理模式已日益成为验证组织活力和竞争力的标准。秘书工作处在组织运转的核心层,自然更加注重效率和效率管理。

人们常说:"时间就是效率。"作为秘书,我们如何利用有限的办公时间,提高工作效率,这不单单是管理技术,而且是一门管理艺术。

一、有效管理时间的方法

（一）时间管理

（1）时间。时间是物质的一种存在形式,是过去、现在、将来的有次序的一种循环往复。我们讨论的时间是这其中的一个微小单位,即有一个固定始点和一个固定终点的一段时间,例如一年、一个季度、一周、一天。

（2）办公时间。办公时间指管理者或工作人员工作的时间,其最小单位可以被看成"一天",即我们通常描述的"班上八小时"。由于工作性质的限定,秘书的办公时间会远远超出这一时间长度。

（3）办公时间的管理。为了能高效率地工作,与上级同步,秘书必须学会有效管理办公时间,从容不迫地应对工作。

（二）有效的时间管理

一个人不论多么能干,他的时间总是有限的。在有限时间内,如果想最大限度地发挥自己的聪明才智,创造出最大的工作业绩,学会有效的时间管理很有必要。做到有效管理时间,有如下几个标准。

1. 科学

俗话说:"外行看热闹,行家看门道。"任何一个行业都有自己的门道;任何一个人熟悉了自己的工作后,都会总结出一整套使自己工作起来得心应手的有效方法。如何科学地管理办公时间呢?下面几种提示挂一漏万,但可能带来举一反三的效果。

(1)培养好习惯。无论做什么,都要首先培养起有利于工作的好习惯。一些好习惯的养成,常常有助于工作效率的提高。

第一,在工作时间里不做与工作无关的事,特别是私事。秘书工作虽然辛苦,但与计件工作不同,它有张有弛。有些人紧张起来晕头转向,清闲下来无所事事,所以,一旦得到暂时的清闲,不是养精蓄锐,或考虑下一步工作,而是与人聊天,要么赶紧上网,等到再度回到工作中时,精力以消耗过多,甚至找不到东西南北。这是绝对要不得的。

第二,绝对不"煲电话粥"。对背负着沉重压力的秘书职业来说,能够有一些经常往来的朋友,并养成在不顺心的时候倾诉的习惯,无疑是非常有利于身心健康的。一个真诚的问候,一个聚会的邀请,都会成为繁忙工作中的小插曲,可以调节紧张的神经。但是如果频频接听私人电话,而且没完没了,又会是种什么情况呢?所以,我们建议,绝对不用单位的电话"煲电话粥",有私人电话打进来,也应是长话短说。这样的目的就是尽量不打断自己的工作进程,让自己在尽量短的时间内完成任务。

第三,工作中学会说"不"。当你正专注于手头的工作时,突然上司让你去做一些不太重要的事情,或者同事找你帮忙处理一些文件,如果放下手头的工作思绪就被打乱,有可能要重新再来,工作效率就会受影响。这时的你要学会巧妙地说"不",否则整天纠缠于帮别人处理事情当中,无法高效完成自己的工作,甚至影响别人或整个部门的工作进展。

资深秘书刘女士说,在自己的工作和别人求助之间,也许持这样的平衡技巧是比较明智的:"先扫自己门前雪,再管他人瓦上霜。"当然在说"不"的技巧上,可以采取婉转、迂回的方式,避免直接拒绝让对方不好"下台"。

第四,不要让坏情绪影响了自己的工作状态。坏情绪影响工作状态是不言而喻的,而现在的工作压力大,生活压力也大,不知道什么时候、什么事情就影响了自己的情绪。但是如果把一些不好的情绪带进工作里,不但会影响工作的数量,还有可能影响工作的质量,甚至给工作带来损失。当然谁也不可避免遭遇气愤、低落的时刻,但要学会控制。

泛美航空公司对空中服务员的要求是：哪怕上午和男朋友"吹"了，下午"上天"也要面带微笑。人如果能够自如管理自己的情绪了，也就意味着成熟了。

第五，不要忘了"例行公事"。每天定时完成日常工作也很重要，如查看电子邮件和微信，和同事或上级沟通、交流，浏览你必须访问的网页，打扫卫生，等等。集中完成这些工作，能让你腾出更多的时间和精力处理更重要的事情。

(2) 将工作分类。秘书每天所要处理的工作，如果仔细想来无非有两种：事务型工作和思考型工作。如果将你所要做的工作做如此划分，区别对待，也许你会收到事半功倍的效果。

刘女士就是如此做的。她说，事务型的工作不用太费脑筋，只要按照熟悉的流程或程序做下去就可以，而且不怕被干扰和中断，如收发 E-mail、写信、填写工作报表、备忘录等，这些例行公事、性质相近的事情可以集中在同一个时间段来处理，即使在精神状态不佳的情况下也能完成。而对于那些需要集中精力、一气呵成的思考型工作，则要谨慎对待，在做之前要进行充分的思考，不停地想，苦思之后方有灵感闪现，所以要安排在精力旺盛、思路敏捷而且不易被干扰的时间段集中去做。这种做法不仅会使工作效率大大提高，而且会使自己拥有更多的业余时间去享受工作之外的精彩生活。

(3) 为工作制订计划。有的秘书，工作缺乏计划性和主动性，被琐事牵着走，这是错误的。人不是计算机，每天面对大量的工作，谁都免不了"丢三落四"、忙而无序。为了让自己记住该做的事以及优先顺序，制订工作计划是必要的。在工作之前，养成做计划的习惯，效果会大不一样。对重要的工作或者复杂的工作，应该向外科手术医生学习，不但做好手术方案，而且要通盘考虑，必要时做出几套方案，这样才能以不变应万变。

(4) 学会为自己编制工作日志。工作日志是秘书工作不可缺少的一个环节，日志的编写有助于对工作的梳理。首先，要有一个正规的记录本，质量要好；其次，每日的工作不管多忙多累，也一定要挤出时间来写工作日志，这既是对一天工作的记录，更是对工作的总结和升华；最后，根据一天的随手记录可以按时间、类别或其他进行详细而有条理的记录。

工作日志不是为了记录而记录，而是为了让下一步的工作做得更出色，所以一定要经常翻阅和总结，而且务必要保存好。

2. 合理

干工作不能"眉毛胡子一把抓"，要学会找出和抓住工作重点，抓住主要矛盾或矛盾的主要方面。"问题如山，只抓三件。"越是忙乱，越要冷静，不管有多少事务需要处理,眼下最重要的事情不会超过三件。如果超过了,说明还没有理清事情的轻重缓急。

处理任何事务的时间都是有限的,不要总是埋怨领导催得急。要学会为领导"把脉"——常规性的东西不要等到领导催了再去做,要提前准备好,在领导要时就能拿出来。在这一点上,秘书要向手术台上递器械的护士学习。秘书要学会在有限的时间内使管理效率或工作效率最大化。

3. 专注

保证工作效率的最佳方法就是专注。曾经有人说:聚精会神工作着的人是最美的;当然,也是效率最高的。

尽管秘书必须眼观六路,耳听八方,但在从事具体工作时,应该学会心无旁骛——只要与自己无关,不管多么"热闹",都应该"闭目塞听",一心完成自己的任务。不要说"乱哄哄的,我怎么静下心来呀",要学会"城门口也能看进书"的本事。

(三)有效管理时间的方法

(1)学习运筹学。运筹学(包括规划论、对策论、排队论及质量控制等)主要研究经济、管理、军事活动中能用数量来表达的有关运用、筹划与决策等方面的问题,并根据问题的要求,通过数学的分析与运算,做出综合性的、合理的安排,以便较经济、较有效地使用人力与物力。

人有时可以在一个时间段内同时做两件事情,也就是说可以"一心二用"或者"双管齐下"的。但必须统筹兼顾,才能收到省时间、省资源、成效好的效果。

(2)做好常规工作。工作中也要未雨绸缪,才能有备无患:编写工作日志;使用备忘录;文件要至少有一个备份;保证所有的辅助工具设备运行良好,出现问题时及时修理;急用的东西不要等到"临秋末晚"才准备,要打出充足的提前量,考虑到诸如停电、文件丢失等意外的发生,以防措手不及。

(3)处理好临时性工作。秘书不仅要在办公室中顺利完成"工作日志"中规定的工作,还要随时准备处理临时、意外甚至突发事情;不但在八小时内完成所有工作,就是八小时之外也要时刻准备着。作为一个秘书,手机 24 小时开机是必需的;永远准备一个放好各种随身物品的皮箱,随时准备"出发"也是必需的。

(4)在努力工作的同时,学会"讨巧"。好多事情做多了就能熟中生巧,找到了工作的规律就可能达到事半功倍的效果。例如,制作文件时,大可不必每次都制作文件头,将以前的粘贴过来,比重新制作要省力得多。

(5)养成"打扫战场"的好习惯。有用的东西随时"归档",以确保在"用的时候"能在你知道的地方找到;确定无用的东西马上清除,免得出现"办公垃圾";及时清理桌面、文件夹、抽屉,保证办公区域清洁整齐;时常整理计算机中的文件,并做好硬盘的清理工作。

二、领导的日程安排

领导是秘书工作的核心,秘书的各项工作一定程度上都是围绕着领导活动展开的。领导每天公务繁忙,开会、出席各种活动、公务拜访、会见、调研、出差、出访等应接不暇。有的领导整天忙于各种会议,没有时间和精力来处理事务、研究问题。造成这种情况的一部分原因就是办公室没有统筹安排领导的活动。如果没有科学合理的安排,领导就会疲于应付各项活动却事倍功半。

优秀的秘书或办公室工作人员善于合理安排领导的时间,能够及时提醒领导重要活动,为领导出差、参加活动、会议提前做好充分的准备,使领导既不至于耽误重要的工作或重要的应酬,又能够腾出时间和精力考虑本单位的大事,还能够有时间休息;反之,领导可能整天应付文山会海,没有精力考虑单位的发展大计,有时甚至会耽误重要工作。

(一)领导的日常工作安排

为领导做好日常工作安排,是秘书或办公室工作人员的常规工作。领导的重要工作和既定日程,可能在很久以前就已安排就绪,只等时日到来加以实施,秘书对这一切都要了如指掌。常见的日常工作安排有领导的周工作安排以及秘书们给领导制定的日活动安排。

1. 为领导制订周工作计划

周工作计划的制订一般由办公室在上一周的周四前将空白的周工作计划表发给各位领导,请他们填写下周的主要工作安排。秘书或办公室在周末汇总后,进行沟通、协调和个别调整,报单位主要领导确认后发给全体领导和单位中层干部。

在安排领导每周工作计划时,要注意以下几点。

(1)要事第一。重要工作安排在最佳时段。对领导必须参加的重要活动要帮助领导做好准备,提醒领导准时出席。

(2)预约优先。利用领导办公会,事先提醒各位领导某一时段的安排。提前预约的工作,根据其重要程度及时安排在合理的时间。

(3)综合考虑。安排领导活动时,应综合考虑领导活动的内容、需要的时间、活动地点、参加活动的顺序等,合理安排,以节约时间,提高工作效率。

(4)分工负责。在安排领导出席时,除了明确要求必须由主要领导参加的活动之外，一般都要安排主管该工作的分管领导出席会议，尽量减少其他领导代为参加。

（5）领导确认。安排领导活动时，有些工作不是领导自己安排的，而是办公室协调、安排领导参加的，这时一定要与领导沟通、确认。否则，日程表上安排有活动，但领导可能有别的工作，这时办公室如果临时安排该领导参加活动，就有可能造成时间上的冲突。

2. 为领导编制工作日志

在周工作计划基础上，秘书将领导的一周工作最后落定为一日工作，编制成工作日志，让领导审阅，待得到确认后实施。例如，组织召开会议，要确认时间、地点、参加者、会议内容、会议议程、会议议题、会议时长、需要准备的材料、会议预算等等。待一切内容敲定后，通知相关部门和人员，并且确认诸如会标的制作等一系列工作的落实。

值得注意的是，为领导编制的工作日志不宜过满，不要让领导疲于奔命；但也不要太轻松，这会影响工作。最好是按部就班，有张有弛，合理分配，科学有序。

3. 为领导安排约见（约会）

如果有人要求安排与你的领导约会，要记录来人姓名、单位和联系方式，并弄清楚你的领导是否知道这次来访。有些邀约之人属于领导愿意接见的，诸如客户、重要人物或领导之类，这时你可以马上安排约会。如果遇到不速之客，就要学会挡驾。

在安排领导接受约见邀请之前，秘书必须做好以下工作。

（1）确认是否有安排接见的必要，确认领导接见意愿，并核查领导时间是否可以安排；

（2）了解清楚约见的目的，提前做好相关准备（如会谈文件、背景材料）；

（3）必须得到领导的确认。

领导外出赴约时，要为领导准备约会提醒卡片。卡片内容包括约见的时间、地点、双方参加人员、材料、注意事项等。在领导出发时，应及时通知对方做好迎接的准备。

在帮助领导主动约见他人时，办公室应明确：谁约见；时间、地点（要有备选的时间、地点）；什么事情；需要多长时间；需要准备什么资料；联系方式（以防突发事件取消约会）；是否需要准备工作餐；等等。

4. 做好其他工作

年初工作计划，年末工作总结，表彰奖励先进，通报工作情况，定期工作会议（如例会）等，都要秘书亲自准备。秘书还要根据单位性质和工作内容，协调内外事务，沟通各种信息，为领导工作扫清障碍，铺平道路。

（二）领导的调研活动安排

在安排领导调研活动时，首先需要了解清楚调研的目的（如典型推广、督促工作、协调事务、解决问题等等），其次要了解被调研单位的相关背景（如基本情况、主要工作、突出亮点、存在困难、需要领导出面帮助解决的问题等等）。

要事先了解被调研单位预备汇报的大致内容，让领导有所准备。在了解了被调研单位的困难和准备向领导提出的问题之后，要根据问题所涉及的内容，提前与有关部门沟通，请他们提出解决问题的方案或思路，并请他们派人陪同领导调研。要和被调研单位的主要领导沟通，确定参观、汇报、座谈的顺序和时间，并通知所有相关单位和人员做好准备工作。

此外，对公务活动的内容及性质、有关部门的联络方式等，也应该有较详细的了解。公务活动一般讲究接待规格对等，即宾主双方身份相当。规格过高或规格过低都会影响工作。

住宿、餐饮的安排都得有明确的交代。另外，如果双方人员因宗教、民族等原因对食物、住宿有特殊要求的，应事先调查清楚，以免发生不必要的误会。同时，在时间表的安排上，应留出时间便于领导参加临时增加的各种应酬及处理私人事务。

（三）领导的旅行安排

秘书在为领导做旅行安排时，必须先了解清楚本次旅行的目的、任务和要求，然后才能着手制订旅行计划，这样才能确保领导外出旅行活动的顺利进行和提高办事效率。

拟订旅行计划，是为了使领导在有限的时间内，有条不紊地完成预定的工作事项，以免因安排不妥而造成工作的被动和不必要的损失。一般来说，公务旅行计划的内容包括旅行目的地、时间、交通工具、住宿等各方面的准备工作。

1. 国内旅行

（1）了解领导此行的有关情况。当得知近期领导要有公务旅行的信息以后，秘书主要应考虑以下几个方面的问题。

第一，了解旅行原因。秘书要了解清楚领导此次公务旅行的原因（参加会议、洽谈业务、其他活动）。由于内容的不同，需要准备的材料也会不同，还会影响到对服装的选择等其他问题。

第二，了解旅行目的地。一次公务旅行可能要到不同的城市，在一座城市也会到不同的地方活动，特别是公务考察，为了使考察的结果更精确，往往需要走访的地方更多。所以，秘书一定要弄清旅行地点，越详细准确越好。

第三，知晓旅行时间。启程时间、路途所用时间、抵达时间、返程时间、各项活动的时间……这些都是秘书需要替领导考虑的问题，并且在旅行计划与日程表中表现出来。恰当地安排时间是旅行顺利的保障。在时间的安排上，要适当地多留一些余地，留给领导一些休息调整的时间。另外，时间还是秘书预订飞机票、车票、船票和安排接送的依据。

第四，做好随员及事务安排。明确参加旅行的主要人员、公务考察时的主要接待人员。了解随员的人数、年龄、性别、民族、职务等，对周到地安排其食宿很有必要；了解接待人员的有关背景资料，对礼貌而顺利地完成考察任务很有帮助。

（2）做好出行准备。了解领导此次出行的有关情况及单位对差旅费用、食宿规格、交通工具等有关内容的要求后，就可以开始做领导出行的旅行计划了。旅行计划主要包括以下几方面内容。

第一，安排出差时间及接、送站。出差时间要确认领导的启程日期和返回日期。

第二，确定旅行路线、制定出差行程表。根据旅行目的地及活动安排，安排合理的旅行路线，如出发地、中转站、目的地，以及与之相关的出发和返回日期、在各地停留的时间等。旅行线路确定后，即可着手制定出差行程表。出差行程表一般是双方商议出访时间、会谈的主要内容、考察的重点对象等事情后制定的。出差行程表一般包括日期、时间、地点、活动事项、负责人或有关人员、备注等内容。出差行程表应该一式两份，一份给要出行的领导，一份由办公室留存。如果出差时间有变更，应及时通知出差人及接待方。

（3）选择安排交通工具。根据领导的要求和工作的需要选择交通工具，电话预订或网上预订等都是常用的方法。

第一，预订车票。预订车票时，要明确目的地、日期、车次（考虑出发时间）、座位档次（软卧、硬卧、硬座）。如果返程时间明确且该车次可预订返程车票，可将返程车票一并预订。

第二，预订飞机票。所需信息一般包括目的地、日期、时间、航班、座位、人名及身份证号码。

购票。购票时要注意认真核对票上的重要信息。付款取票后，要认真核对票上的日期、时间、班次、姓名拼写等重要信息，机票上的乘机者姓名必须与所持的有效证件完全相符才被允许乘机，发现问题要及时更正。

改票。购票后，如果要改变航班或日期，需按有关规定办理。一般航空公司规定，在航班规定离港时间 72 小时以前，可以免费办理；在 72 小时以内的免费办理只限一次，如果要求再次更改，每次应交付一定的变更手续费。

取票。取票时要确认票的内容是否准确无误。有些售票处会派人送票，要提醒他们把发票（电子机票的购票凭证）一并带来。

第三,其他。除了机票、车票以外,还要明确接送站的交通工具。要根据出访人员的身份、人数以及本公司的规定提前与负责派车的部门预约。

(4) 准备资料和其他备品(见表4-7)。

表4-7 出差资料物品一览表

商务活动文件资料	差旅相关资料	办公用品	个人物品
谈判提纲	目的地地图	笔记本电脑	护照
合同草案	旅行指南	光盘、闪存盘	身份证、信用卡
协议书	请柬	MP3、MP4、快译通	衣物(职业装、运动
演讲稿	介绍信	照相机、摄像机	装、泳装等)
备忘录	相关人员通信录	文件夹	洗漱用品
日程表	对方邀请函	笔、笔记本	急救药品(退热、消
科技产品资料	日历	公司信封、信纸、邮票	炎、止泻药等);创可
公司简介和其他宣传	世界各地时刻表	手机、充电器	贴、伤湿止痛膏等)
资料	旅馆预订确认凭证	名片	车船票、机票
对方公司相关资料	其他资料	现金、支票	旅行箱
其他资料			

(5) 住宿安排。选择会员连锁酒店;了解住宿人员有无特殊的生活习惯及要求;选择住宿地时,还要考虑诸如该住宿地交通是否方便、价格、服务水平及相关的商务设施如何;预订酒店(姓名、性别、到达和离开的时间,预订房间的类型、朝向以及其他要求)。有时需要提前几个月预订。有些旅馆要求在旅客入住前几天或一两周再确认预订,否则会取消预订房间。另外,一定要向旅馆索要确认预订的收据或认可书,与领导的旅行日程表放在一起,以便在到达时即可拿出,否则一些不负责任的旅馆经理会轻易否定你的预订,那么你的领导将无处可住。

(6) 做好领导出行当天的交通安排。领导不论是从公司走还是从家里走,都要安排好送站工作。动身当天,要最后检查一下火车或飞机的运行情况,特别是飞机因天气原因而误点的情况经常发生,因此,一定要向机场方面询问一下当天的航班情况。催促动身前,一定要再仔细检查一下领导是否有什么东西忘记带了,如果有,这时还来得及补救。起程之后,把领导送上火车或飞机,就要立即打电话通知对方接站的时间。特别是在改变原定车次或航班的情况下,一定要将新的变化告诉对方,以免接不到人,造成不必要的损失与麻烦。

2. 国际旅行

随着我国经济的发展,对外交往也愈来愈频繁,公司、企业的人员出国进行公务洽谈、考察等活动已成寻常之事。秘书应该熟悉并能安排出国公务旅行的各种事务,以适应工作的需要。

(1)办理出国证件(出国申请、护照、签证、"国际预防接种证书"、机票、保险)。

当秘书得知领导要出国旅行时,除了了解基本情况,做好与国内公务旅行一样的准备工作之外,还需要撰写出国申请(有些单位还需要年初申报出访计划并经过有关单位的审批,进行政审等才可出行),办理护照、签证,办理"国际预防接种证书",订购机票,准备相关文件等。

第一,递交出国申请。出国申请主要是填写出国申请表,填写清楚出国事由、出国路线(包括外国公司所在国的名称)、出国日程安排(包括出国时间、在国外的活动、回国时间等)、出国组团人数等。在申请表正文后,要附上外国组织所发的邀请函及出国人员名单,写清楚出国人员姓名、年龄、性别、职务、职称等基本事项,并经有关单位批准。

第二,申请护照。护照是各主权国家发给本国公民在外旅行或居留时证明该国公民国籍、身份的证件。

第三,办理签证。签证是一个主权国家在外国公民所拥有的护照或其他旅行证件上的签注、盖印,以表示允许其出入本国国境,或经过本国国境。

第四,获取"国际预防接种证书"。"国际预防接种证书"(International of Vaccination)俗称"黄皮书",是世界卫生组织所要求的健康证明。

第五,购买机票。可到国内各航空公司官网和可靠的售票代理点办理订票手续,也可在各网上订票平台或手机 APP 购买机票。不同航空公司的票价有时差别很大。有的公司员工出差经常乘坐某一航空公司的飞机,就会得到某些优惠。如无特殊情况,应该预订往返机票,会节约不少经费。

订购机票时要出示出国人员的护照。拿到机票后,一定要认真检查机票上填写的内容,核对姓名的拼音是否与护照上的一致;是否有每个航班的乘机联,每个航班的起落时间、机场名称;座位栏内是否填好"OK";各项内容是否清晰等。

第六,办理保险。通过代理人由保险公司办理出国人员有关保险,以便在发生意外事故、疾病、行李丢失等问题时,把损失降到最小。还应该购买航空意外险,如果订票时没有此项内容,可在登机前到机场有关窗口办理。

(2)出入境手续。

第一,接受边防检查。出入境者要填写出入境登记卡片,卡片的内容有姓名、性别、国籍、护照种类和号码、有效期限等,还要交验护照和签证。

第二,接受海关检查。海关有权检查出入境者的行李物品,但不是对所有旅客的行李都逐一检查。有的国家要求出入境者填写携带物品申报单。各国对出入境物品的管理限制不一样,一般会对烟、酒等物品限额放行,文物、武器、动植物非经特许不得出入境,有的国家还要求填写外币申报单。

第三,接受安全检查。各国的安全检查制度都极为严格。登机旅客绝不可以携带武器、凶器、爆炸物、剧毒品等登机。检查方式有:过安全门,探测器近身检查,检查随身携带的手提包等物品,甚至搜身、脱鞋检查等。

第四,接受检疫。检疫就是交验"黄皮书"。对来自疫区的旅客,检查特别严格。对未进行必要接种的旅客,有时会采取强制隔离、强制接种等措施。

(3) 其他注意事项。

国际旅行需要特别注意以下问题。

第一,事先兑换一些外币或了解相关事宜。要根据国家规定的数额兑换外币。如果能换一点零钱更好,因为到达目的地后有零钱会比较方便(如打电话、去洗手间、乘坐公共交通工具等)。所以,出国公务旅行时,需要预备一些当地货币或美元。

兑换外币可到中国银行或其他银行网点兑换。海关对携带外币的数量有规定,出国旅行最好使用信用卡,少带现金,用信用卡、支票更安全方便。

第二,进行时差换算,以便合理安排日程。秘书要清楚各国(各地)之间的时差转换方法。秘书如果能在日程表上标明北京时间和当地时间,将会大大方便领导的工作。飞机航班时刻表一般注有两种时间:一是当地时间,一是标准时间。机场标出的飞机起飞和降落时间都是当地时间。

表4-8 世界各地主要城市时间换算表

洛杉矶时间 (西8区)	渥太华时间 (西6区)	纽约时间 (西5区)	格林尼治 时间(0区)	巴黎时间 (东1区)	莫斯科时间 (东3区)	北京时间 (东8区)
前一日 16:00	前一日 18:00	前一日 19:00	0:00	1:00	3:00	8:00

第三,办理行装托运。乘飞机可以免费托运20公斤的行李,头等舱可以托运30公斤行李。不同国家或航空公司的规定会有略微差别。超过规定的部分要交超重费。为便于安检(有时可能开箱检查),托运行李一般不要加锁,但可以用带子加捆。贵重物品(钱、信用卡、支票、各种证件、贵重首饰、通信簿、数码相机、摄像机、充电宝等)一定不要放在托运的行李里。行李箱要结实、带拖轮。要在箱子上面贴中外文姓名、目的地。同一个团队的行李最好统一明显的标识。手提包的重量不受限制,但是体积不能太大,否则行李架放不下。一人最多可带两件手提行李。随身携带的指甲刀、水果刀等要放入托运的行李中。随

身携带的液态物品(包括液体、凝胶、气溶胶)要盛放在容积不超过100毫升的容器,容器应置于最大容积不超过1升的可重新封口的透明塑料袋中,每名旅客只允许携带一个透明塑料袋。

第四,查阅目的地背景资料。领导出国前要对所到国的文化、风俗、礼仪、经济、经营管理、语言、政治、历史、地理等基本国情有所了解,对该国政策变动情况的了解也是相当重要的。这样可以使我们在国际交往中既彬彬有礼,又不卑不亢。

第五,准备礼物。国际商务交流活动中不必送太过贵重的礼品,但是如果能准备一些有公司代表性的小礼物,或者是有中国特色的小手工制品作为礼物,则会有助于商务活动的顺利进行。

第六,准备好自带生活用品。国外的生活习俗和我国差别很大,在很多西方国家人们不习惯饮用烧开的水,而代之以矿泉水、饮料等。如果领导在国内有喝茶水的习惯,那么秘书应提醒领导带好茶叶、水杯等常用的随身物品,以免到了国外不适应当地的饮水习惯。

案例分析 >>>

案例一[①]

小宇大学毕业后,到一家公司做了经理秘书。一次,经理出差,乘坐的航班是星期六上午10:00的。小宇在星期五下班前把订好的电子客票送到了经理室,经理一边穿大衣一边对小宇说:"我今晚有个重要聚会,老同学分别30年,不去不对,可去了就得搞到很晚,我太太这几天又回娘家去照顾我岳母了,我怕明早醒不过来,麻烦你明天早上7:00给我打个电话叫我一声。"小宇满口答应。第二天,李经理一觉醒来已是8:30了,他既没听见手机闹铃,也没听见电话铃声,赶紧收拾赶到机场才想起机票昨晚落在了办公桌上。他赶紧给小宇打电话,想让他把机票送过来,可小宇手机没开。无奈,他只好自己回去取,等到返回机场时,航班刚刚起飞。他只好改签下午的航班,还得打电话通知接站的人,免得人家在机场苦等。等到经理出差回来问起此事,小宇说,由于是休息日,睡过了头,手机又没电了,所以经理的电话也无法打进来。

请问:作为秘书的小宇在这件事上有哪些失误?如果你是秘书你会怎么做?另外,经理有哪些问题?你是经理会避免事情的发生吗?如何避免?

---

① 改编自张强、王玉霞:《办公室工作实务》,北京航天工业大学出版社2008年版。

案例二

公司秘书小程一下班就向老妈诉苦,说自己每天从一进公司就开始忙个不停,一会儿干这个,一会儿干那个,忙得晕头转向。可一起进公司的同学兼同事小刘和自己做的是相同的工作,也没见怎么忙,工作量却比自己高,还总受到领导表扬,奖金也比自己高。这让他百思不得其解。他不知道应该如何改变这一切。

你读了这个例子,有什么想法?每天忙忙碌碌,却总是忙而无功;付出了很多,却无法让老板满意;没有一刻空闲,到了总结时却说不出自己的成绩,这究竟是为什么?这种现象普遍吗?如果你正处于这样的状态,你将如何调整自己?

案例三

刘女士有一位做效果图的同事,为人很随和,别人有事情都愿意找他帮忙。例如打份文件、加个"表头"、做个表格等等,甚至屋里的电话响了也要他去接。结果,他自己的一份效果图被一拖再拖,上司一催再催,被骂了好几次也没完成,无奈,只得加班,他现在几乎成了公司的"加班专业户"了。他在工作中维持着老好人的形象,却不能让所有人满意。

请问:你有什么好的建议能让刘女士的同事摆脱这种既劳累又尴尬的局面?

本章小结

本章讲述了办公环境管理、办公环境的安全维护、电函印信的处理、办公接待工作、值班保密工作、办公时间效率的管理等内容。论述了秘书日常工作对一个组织运营和管理的无可替代的作用,并详细地讲解了秘书日常工作的各个环节的工作内容和具体操作方法。作为一名职业秘书,必须在熟练掌握日常工作内容和技巧的基础上,学会并善于思考和总结,真正成为领导的得力助手,完成秘书的岗位职能。

复习思考题

1. 办公环境的优化包括哪些内容?
2. 封闭式办公和开放式办公有哪些异同?
3. 为什么要对办公环境进行安全维护?
4. 如何维护办公环境的安全?
5. 接听电话和拨打电话的基本步骤是什么?
6. 秘书分拣邮件时应该按照哪些标准进行?

7. 秘书是否可以开具空白介绍信？为什么？
8. 简要说出团体接待的工作程序。
9. 如果由你来迎接多位客人，见面后按照什么顺序握手？
10. 秘书值班工作的主要任务是什么？
11. 秘书值班工作的要求有哪些？
12. 制作某单位国庆节假期值班表。
13. 值班时，秘书如何处理突发事件？
14. 简述秘书保密工作的含义。
15. 秘书保密工作的要求有哪些？
16. 常见的秘书保密工作有哪些？
17. 简述如何做好文件保密工作和计算机保密工作。
18. 在安排领导每周工作计划时要注意些什么？
19. 在安排领导接受约见邀请之前，必须做好哪些工作？
20. 领导要去重庆出差，你需要掌握哪些信息？你打算为领导制订什么样的旅行计划？
21. 公务旅行需要准备的差旅物品较多，一般可分为哪几类？
22. 北京某外贸公司经理将于9月12—16日到上海出差。他通常住在该地的一家酒店，喜欢单人套房，希望住在高层能够俯瞰酒店外的公园。另外，他还想要一间接待室以召开商业会议。请你以经理秘书的身份帮他准备此次行程。
23. 领导即将带着公司的产品去美国纽约参加一个博览会，该博览会将于当地时间10月15日9:00开始。请问，此时北京时间是多少？
24. 试分析国内公务旅行与国外公务旅行在准备工作上的异同。

项目实训一

一、实训目标
能够掌握并运用办公区域选址的方法。

二、实训背景
S物流公司因发展迅猛，拟把业务拓展到某城。总经理指定业务部负责这个项目中营业部的选址和办公区的设计工作。作为业务部的秘书，你要给你的领导提供一份内容完备的信息资料。

三、实训内容

依据上述要求做一份设计方案说明,内容包括营业部选址的理由、办公区内部分区设计、办公模式选择等。

四、实训要求

1. 本实训任务可以在文秘实训室完成,要求学生每人一台电脑,以备资料查询和文本的录入。

2. 要求学生四人一组完成这项实训任务。

3. 全部实训任务应在两课时内完成,以 Word 文档和 PPT 的形式报出。

4. 实训任务完成后,学生必须参加实训成果汇报。汇报后,先由学生之间互评,之后由教师进行点评,最后教师根据学生实训任务完成情况,并结合学生成果汇报时的表现综合评分。

项目实训二

一、实训目标

通过实训,要求学生全面掌握办公环境安全维护的内容。

二、实训背景

公司的调研例会上,参与这项工作的人员把收集到的同行业各企业的信息进行了一次汇总,重点列举了一些企业因信息外泄和营业及仓储场所安全隐患没有得到及时解决而给企业带来了不必要的损失的情况。为此,S 物流公司要以此为戒,进行一次全面的安全检查。

三、实训内容

假设你是承办这项工作的部门的秘书,请你做一份检查方案。

四、实训要求

1. 本实训任务可以在文秘实训室完成,要求学生每人一台电脑。

2. 参照教学内容,根据背景资料,学生要独立完成这项实训任务。

3. 制作的检查方案要有可操作性,办公环境软硬件要分开列,同时设计出一些检查用的表格。

4. 全部实训任务应在两课时内完成。

5. 实训任务完成后,以文本的形式报出。

项目实训三

一、实训目标

掌握接听各类陌生人的电话的方法。

二、实训背景

这天下午,小张接到一个奇怪的电话。来电人自称是总经理多年未见的一个朋友,有急事要找总经理。小张询问对方的姓名、身份,对方概不回答,并且很生气,要小张告诉他总经理的手机号码。

三、实训内容

按照实际情况演练处理各类陌生人打来的电话。

四、实训要求

可选在模拟的办公室或教室进行,最好能配置真实的电话机。

分组进行,可以三人一组,其中一人扮演小张,一人扮演陌生人,一人进行监督和评价。每个人都要轮流扮演小张和打电话来的陌生人。

每个同学在演练过程中一定要严肃认真,言行符合规范。

每个同学最好能按照实训内容设计演练的脚本(包括情节和台词),并给本小组成员分派角色。

老师也可以临场发挥,比如增设模拟角色和任务;在同学们演练时,组织其他同学对表演进行评论。

项目实训四

一、实训目标

依据接待工作的有关知识,通过模拟实训,要求学生全面掌握接待准备工作及礼仪知识。

二、实训背景

根据学院培养目标和学生职业技能的训练要求,省教育厅非常重视高等教育实训基地建设。基地建设注重以下工作:加强校内实训场所建设;形成学校相关专业群;增强学院的办学能力;满足学院教学和训练的要求;提高学生技能训练水平;满足企业对技能型人才的要求。经过一段时间的实施,省教育厅领导决定派检查组到各学校检查实训基地建设情况。通过走访,省教育厅将根据具体情况,在2019年准备专款资助一些重要的实训基地建设,率先在一些全国示范院校建立样板基地,及时推广实训的先进经验。省教育厅领导通知我院,他们将于 2019 年 3 月 4 日至 5 日对我院实训基地进行考察，考察人员为省教育厅副厅长×××、财务处处长×××、职成处处长×××及两位重点大学的专家。

三、实训内容

要求根据以上内容，设计一份接待工作方案，同时模拟演练接待场景。

四、实训要求

1. 要求学生根据教材中提到的知识点在课堂上撰写接待工作方案。

2. 将学生分为若干组（每组 10 人左右），进行接待场景模拟演练，主要内容必须包括：在学院门口迎接客人（进行介绍和握手），引导客人前往接待室，安排领导座席，带领客人参观学院实训室。

3. 组织小组间进行互评，指出对方失误和疏漏之处。

第五章　秘书的调研与信息工作

**本章提要**

在社会飞速发展的今天,信息对组织和个人的意义是毋庸置疑的,可以说,组织的管理是从管理者掌握有价值的信息开始的,而运用正确的调研方法,按程序开展科学的调查研究工作是秘书专业人员为管理者提供信息的重要途径。同时,调研与信息处理能力也是秘书职业能力的重要构成。本章重点讲解了从秘书工作的角度如何理解与开展调研工作,为领导收集、整理、呈报信息,并有针对性地设计了这两项技能的专项及综合实训环节。

本章学习目标

- 充分认识调研和信息工作对秘书工作人员的重要意义
- 掌握调研方法和程序
- 掌握正确的信息收集和处理的方法
- 具备综合运用两项技能的能力

第一节 秘书的调查研究工作

引导案例 5-1

如何认识秘书的调查研究

调查研究是人们了解情况、认识事物有效的基本途径,也是一个组织的管理者做出正确决策的信息保证。作为一名职业秘书,要做好领导的助手和参谋,必须充分认识调查研究工作的重要性,并学会运用正确的调研方法开展调查研究工作。

一、调查研究的含义

调查研究是指人们运用专业的调研方法,对具有重大意义的事件或需要解决的问题,通过正确的方法收集、整理、分析、研究资料,得出结论,从而认识客观现象的本质及其发展变化规律的一种主动的实践活动。

调查和研究虽是我们认识事物的两个阶段,但却是密不可分、相互交融的。调查是研究的前提,没有调查就谈不上研究;研究是调查的发展和深化,只调查不研究就无法认识到研究对象的本质,更得不出对决策有价值的信息。调查的过程中如果没有研究,就无法拣选出有价值的资料;研究的过程中如果没有调查,则不能保证研究是建立在真实的信息资源基础上,那么研究进行得越深入,离正确的方向越遥远。

二、秘书调查研究工作的特点

调查研究工作是秘书人员完成日常工作的重要手段之一,也是保证秘书工作职能得以实现的有效方式。和其他职业与行业人员开展的调研工作相比,它有着自身的特点。

（一）一致性

秘书进行的调研工作要与所在部门或服务对象的工作内容和职责保持一致。例如：销售部的秘书所从事的调研工作主要是销售渠道是否畅通、销售资金回笼是否及时、合作方的资信如何等；公共关系部的秘书进行的调研方向一般为公众满意度、危机处理方案的实施效果等。秘书只有保证自己所做的调研工作和本部门及领导分管的工作内容和方向一致，才能为领导的决策与评价提供有价值的信息。

（二）经常性

秘书的调研工作大部分是常规性的，如在督办工作、信访工作、接待工作等日常工作中，调研是最基本的工作方法。有时调研工作又是非常规性的，如因临时或突发性工作而做的调研。此时更需要秘书能够熟练运用调查研究的方法迅速、深入开展调研工作，及时为领导提供调研成果以帮助其进行决策。

（三）广泛性

秘书调研的主题是广泛的，可以是国家政策法规方面的、经济形势方面的、科技方面的等等，所以根据不同的主题，选用的方法也是有针对性的。总之，秘书工作本身的繁杂导致秘书调查研究工作具有广泛性。

三、秘书调查研究的作用

（一）调查研究是秘书人员帮助领导更好地决策和管理的前提

领导由于受时间、精力等条件的限制，亲自进行的调查研究的广度和深度有限，因此就需要通过秘书进行调查研究，搜集整理所需的信息，作为决策和参考的依据。另外，领导决策后，需要在决策的执行过程中，时时注意调查研究，掌握情况，发现问题，及时修订、完善决策方案，这种跟踪、反馈性的调研工作，也需要秘书帮助领导去完成。

（二）调查研究是秘书人员完成好各项工作的基础

秘书的工作，无论是草拟文稿、协调查办、会务安排，还是处理来信、来访等，哪一项工作都离不开调查研究。可见，调查研究存在于秘书工作的各个环节，贯穿于秘书工作的全过程，是各项工作的基础。

（三）调查研究是提高秘书人员的工作能力和综合素质的必要途径

秘书人员的成长，工作能力的提高，有两条途径：一是努力学习理论和专业知识；二是积极参加社会实践。而调查研究则是一项非常重要的社会实践活动。通过调查研究，秘书人员可以提高政策认识水平，增强工作能力，学到新经验和新方法，还可以不断提高自己明辨是非的能力、分析综合能力及交际能力。

四、调查研究的方法

秘书调查研究的方法是指秘书人员在开展调研工作时所采用的方式、手段和措施的总称。秘书的调研能否取得理想的效果,在很大程度上取决于调查方法的选用是否科学、合理和有效。

秘书调查研究工作的方法是在现代一般调查研究方法的基础上,结合秘书工作的特点和实践经验,做出相应的调整而形成的,具体来说,有以下几种常用的方法。

(一)实地观察法

实地观察法是指调查者亲自到现场,通过对调查对象的直接感知来获取第一手资料的一种调查研究方法。

俗话说:"百闻不如一见。"秘书工作人员要做到在合适的时间去进行实地考察,全面了解调查对象的真实情况,对其形成一个真切的直观印象。在实地调查时要注意对看到的现象进行客观的分析,要敏锐地辨别真伪,不能以偏概全。

(二)个别访谈法

个别访谈法是指调查者通过与调查对象进行面对面的访问交谈来获取较深层次信息的一种调查研究方法。

个别访谈法分为正式访谈和随机访谈两种。正式的个别访谈是针对特定的访问对象,在谈话前先针对访问主题拟定提纲,再进行谈话和交流。这种方式的优点在于,因事先做了充分的准备,提出的问题较为全面,而且采集的信息便于统计、整理。不足之处是谈话内容受到了局限。运用这种方法的关键是访问提纲的拟定。这就要求设计的问题要全面,但也不可太多,否则会使受访者产生厌烦的情绪,不利于谈话的顺利进行。另一种方法是,针对调研主题,对不特定的受访者进行自由度较大的交流。它的优点在于,访谈内容有弹性,便于进行深入的交流,能够收集到更全面的信息。不足之处是调研结论的整理有很大的难度。

为保证访谈效果,调研者必须把握好以下几个关键环节:首先,对不同的受访者要采取不同的发问方式,这需要在访谈前做足"功课",对受访者的性格、知识水平、特殊经历等有较为全面、准确的掌握。而针对随机访谈时所选用的提问方式是否正确,则要看调查者的经验和阅历以及临场应变能力了。其次,提问的角度要尽量小,这样有利于受访者把握作答的方向。如果问题内涵大,要把它分成几个小问题来发问。再次,注意自己角色的定位,不要用居高临下的姿态和讯问的语气。最后,一定要做好记录。

(三)座谈调查法

座谈调查法是指调查者以座谈会的方式把调查对象召集在一起,对其进行询问或引导他们进行讨论来获取直接材料的一种调查研究方法。

座谈调查的方法有利于与会者间的相互提示与补充,使调查者在短时间内获取大量信息,提高工作效率。为了达到良好的调查效果,调查者要做到以下几点:第一,会前准备要充分,选准参加座谈会的人员,约请与调查的主题或事件有密切关系的人,要照顾到各个层面,不要使受邀人员类型太同一化。一次座谈会的人数也不可太多,否则影响座谈效果。如需邀请的人数很多,也可以分类分组进行。第二,做好会前沟通,让与会者了解座谈的主题与目的。第三,会前拟好提纲,这样有利于组织者把握会议进程。第四,力争使会议在轻松的气氛中进行,组织者尽量用启发式的方法提问,不要做简单的问答式。第五,对取得的关键性材料要经过核实后方可采用。会后对记录要及时整理并总结。

(四)问卷调查法

问卷调查法是目前国内外社会调查中使用较为广泛的一种方法。它是以书面调查的形式,通过调查者围绕调查目的,拟定一个问卷,让被调查者选择或填写答案,然后将问卷收集起来,对答案进行统计和分析,以了解被调查者的情况、态度和意见,从而收集到可靠的资料的一种方法。这种调查方法的关键在于问卷的设计。问卷分为封闭式和开放式两种。

封闭式问卷的优点在于:答案是标准的,便于统计和对比分析;便于被调查者较为准确地回答问题,提高问卷的回收率;便于通过计算机等现代化手段进行数据处理。封闭式问卷的缺点在于:由于答案是事先给出的固定答案,而答案的数量未见得能把所有的情况都概括出来,可能会影响资料收集的真实度。

开放式问卷是指调查者提出问题后不提供答案,由被调查者自由做答。这种问卷的优点是收集到的资料比较深入、具体、真实、全面,更有利于调查者及时发现新的问题。缺点是由于答案是非标准化的,整理起来比较困难;同时,这种问卷的回答需要被调查者较多的时间和精力,被拒答的概率较高。开放式问卷多用于探索性研究,它给回答者比较多的自我表达的机会。

(五)通信调查法

通信调查法是指调查者利用电话或邮件向被调查对象了解应该查知的事项的一种调查研究方法。

随着时代的发展,有线及无线电话已成为人们生活工作中必不可少的联络工具,自然也就可以成为秘书进行调查研究工作的便利工具。利用通信方式进行调查时,调查者与被访者无法面对面交流,所以调查者提问要尽量简捷,同时留意对方语气中流露出的情感,注意发问时不要涉及对方的隐私。另外,短信调研的覆盖率虽然很高,但回复率低,也是一个不可忽视的问题,所以在调研工作中很少被采用。

(六)网络调查法

网络调查法是指调查者利用网络把分散的调查力量组织起来,围绕一定主题开展调查的一种调查研究方法。

运用互联网调查时,可以与问答、访谈等传统的调查方法配合使用。网络调查法已成为现代社会一种成本低、效率高的调查方式。

五、调查研究的程序和步骤

(一)调查准备阶段

1. 明确目的,确定主题

开展调查研究工作,首先就要明确调查的目的,这是使调查有计划、有步骤进行的前提。调查研究的目的,一般要根据领导的意图或秘书自己的工作需要来确定。

在明确目的的基础上,下一步要做的就是确定调查的内容和主题,也就是要用简练、准确的语言,拟定出调查的具体题目和计划。促成问题形成的因素有很多,一个敏锐的秘书要能够透过现象看出问题的本质,把它定为调查的重点和核心。

2. 确定调查对象

明确了调查目的,确定了调查主题后,就要细心地研究和选择好调查对象,划定调查范围。调查对象是指可以向调查者提供情况的单位和个人。调查对象的选择要注意典型性和代表性。调查范围的确定和划分,既要有充分的覆盖面,又不能过宽,这样才能保证调查结果的全面和准确。

3. 制定调查方案

调查研究的类型有普遍调查、典型调查和抽样调查等几种。在做调研之前,要根据本次调研的主题和对象,来确定选取哪种类型。

在确定好适合本次调查的类型后,还要选择恰当的调查方法。前面我们介绍了几种调查方法,它们各有优缺点,一般来说,最好是选择几种调查方法,把它们结合起来运用,效果会更为理想。

在完成上述步骤后,便要着手制定调查方案,以确保整个调查研究工作能有章可循。

一般来说,调查方案包括以下几方面内容:① 调查的目的和主题;② 调查的对象和范围;③ 调查的时间和步骤;④ 调查的类型和方法;⑤ 调查的组织和分工;⑥ 调查的准备和经费。

最后,要根据调查规模的大小来组建调查团队。一般来说,中等规模的调查可由秘书担任调查小组组长,并对小组成员进行分工,以明确各自的责任。而大型的调查,则要由领导做总负责人,秘书起辅助作用。

（二）调查实施阶段

1. 调查材料的收集

调查的过程就是收集信息资料的过程。调查信息资料收集的多少、质量的高低,可以反映调查的深度,决定调查的效果。

收集资料,不是漫无边际地遇到什么就收集什么,而是要有目的、有范围地为调查课题服务。

2. 调查材料的记录

调查中必须做好记录。目前主要采取的记录方式有笔录、录音、录像和计算机录入等。做记录时,要注意以下几个方面。

（1）记录要全面,要突出重点。

（2）做笔录时,既要快又要准。

（3）对调查记录要及时整理。

（4）遇到特殊情况不便于现场做记录时,要用心记住关键内容,事后立即进行追记。

3. 调查材料的整理

对于收集、记录而来的材料,必须及时进行整理。所谓整理材料,就是用科学的方法,将调查来的材料按调查的内容和要求,分门别类地加以归纳、分类和汇总,变成系统的、清晰的、能够说明问题的资料。

（三）研究表述阶段

1. 研究调查材料

在对调查材料整理的基础上,要对调查材料进行最后的分析和研究。这一过程是去粗取精、去伪存真、由此及彼、由表及里的过程,是对材料的理性认识过程,也是产生和形成思想观点的过程。

2. 撰写调查报告

将调查研究的成果通过书面形式表述出来,是调查研究工作的最后一道程序,也就是人们常说的调查报告的撰写。

调查报告是一种以调查中获得的事实和数据为依据,运用科学的研究分析手段和方法进行逻辑推理论证,用庄重平实的语言、简洁明了的结构及叙述和议论相结合的表达方式,将研究的结果陈述出来的实用性文体。

第二节 秘书的信息处理工作

引导案例 5-2

秘书怎样做信息工作

在高速发展的现代社会,信息越来越被人们所重视。信息、物质、能源被称为现代文明的三大支柱。物质给人类提供材料,能源向人类提供动力,而信息给予人类的是知识智能和机遇。可以说,离开了信息的有效收集和整理,对管理对象的情况一无所知,决策和管理就无从开始。在信息时代,做好秘书工作,就要从为组织管理者提供有价值的信息开始。

一、秘书信息工作的含义和作用

(一)秘书信息工作的含义

秘书工作人员对信息的收集、整理、传递、利用和存储等一系列工作就是秘书信息工作。它是秘书工作的核心内容。

为了做好信息工作,秘书人员必须明确信息的特征。

(1)客观性。客观性是我们评价一条信息是否真实、准确的标准,也是信息的价值所在。秘书人员采集和提供的信息,必须首先保证它的客观性。

(2)时效性。时效性是信息的生命力,有了"新"和"快"这两种属性的保证,信息才会对人们形成的认知、做出的行为起到应有的作用,滞后的信息是没有意义的。

(3)可传递性。信息要通过各种载体流转,才能够被人们所利用并实现其本身的价值。现在人们传递信息的手段日趋多元化,秘书人员要熟练地掌握和利用各种现代信息工具获取和传递信息,为领导的决策做好辅助工作。

(二)秘书信息工作的作用

秘书信息工作在秘书工作中发挥着无可替代的作用。

1. 做好秘书信息工作是发挥秘书辅助领导决策功能的保证

决策是领导的基本职能。现代科学管理,实际上就是对信息的收集、加工和利用,或者说是依据及时、准确、全面的信息,适时做出科学决策,借以对整个系统进行适当的监测和控制,以期达到预定的目标。可以说信息是领导决策的基础,主要体现在决策项目的提出、方案的论证、决策的实施与调整,实施结果的评估等方面。

因领导个人获得信息的途径和数量都是有限的,而秘书部门是组织管理的枢纽,是联系上下、沟通八方的信息集散地,掌握着比较全面、系统、可靠的信息,是领导获取信息的一条重要途径,所以信息工作自然也就成为秘书工作的一项主要职能。秘书信息工作做得好不好,提供的信息及时不及时、真实不真实、全面不全面,将直接影响到领导的决策和对全局工作的把握。

2. 信息工作是秘书完成日常工作的重要基础

秘书的工作内容很多,如日常接待、领导的时间管理、印鉴管理、值班管理等等,完成每一项工作的前提都是掌握准确的信息。因此,秘书人员应增强信息意识,学习信息理论,积极丰富自己的信息储备,以提高自己的工作能力和工作质量。

3. 信息工作能促进秘书提高自身的综合能力

秘书信息工作涉及的范围很宽泛,作为秘书要努力提高自己对语言文字的驾驭理解能力、政治素养、法律意识、管理沟通能力、公关能力等等。为了做好秘书信息工作,秘书工作人员就必须提升自身的综合素质。对于秘书来说,做好信息工作的同时,也是个学习的过程。因此信息工作能促进秘书提高自身的综合能力。

二、秘书收集信息的内容和方法

一个组织要想正常地运转,必须有充足而准确的信息。信息工作一般由收集、整理、传递、存储、反馈和利用六个环节组成,每个环节相互连接,密不可分,形成完整有序的信息工作流程。信息收集是一项艰巨而又复杂的工作,也是影响信息能否发挥效用的关键环节,信息收集工作的质量直接关系信息处理的质量。只有信息收集工作做好了,以后的信息加工处理及应用才会融会贯通,顺理成章。

（一）信息收集的内容

信息收集是信息工作的第一步，是信息工作的基础和初级阶段。它是指信息收集者根据自身或服务对象的实际需要，通过不同的渠道，采用各种方法，收集获取信息的过程。能否收集到真实全面的信息资料，将会影响到整个信息工作的进程和效率。

1. 信息收集的范围

信息收集的范围应十分广泛，一般包括组织内部信息、行政管理部门信息、合作伙伴信息、社会政治经济信息和国际信息等。

以某营利性组织为例，秘书应注意收集以下信息。

（1）本组织的信息。秘书人员为了更高效地开展工作，必须对所供职的组织有全面的了解，包括组织的历史沿革、组织文化、工作的经验和教训、基本状况、规章制度、重要活动情况等。

（2）国际市场信息。经济全球化时代，国际市场信息对一个组织的经营是至关重要的。它包括产品供应商，产品价格，同类产品的规格、性能和特点，产品的消费需求，市场竞争情况方面的信息。

（3）客户信息。客户是组织经营运转所要面对的最重要的公众之一。客户信息包括客户的资信、经营方式、经营范围和经营能力、市场营销特点、市场占有率及客户的有关背景方面的信息。

（4）经济贸易信息，包括市场消费动态、供需趋势信息、各种贸易机会、新技术和新产品信息、外资市场信息、国际劳务市场信息、竞争企业与生意合伙人的信息等。

（5）国际金融信息，包括国际金融动态，外汇汇率变化，国际证券市场行情，贸易对象国的利息率、汇率、投资、信贷等信息。

（6）法律政策信息，包括国家制定的有关经济领域的法律法规和方针政策等。

2. 信息收集的渠道

信息的内容不同，收集的途径和范围也必然不同。选择信息来源，就是决定到什么地方去收集、获取所需要的信息。信息收集的途径选准了，就可以收到事半功倍的效果。同样内容的信息，其来源可能有若干个渠道，这就需要认真地进行分析、比较，从中选择最佳的信息来源，及时、准确、全面地收集服务对象所需要的信息。

（1）媒体渠道，指从广播、电视、书籍、报纸、杂志及其他文献载体中获取信息。报纸、杂志等较易获得，而且数量丰富、形式多样，但要特别注意时效性。

从这些渠道收集信息时,可以用复印、扫描、剪报、做重点标记等方法。

（2）网络渠道。互联网的出现,给秘书工作带来了巨大的便利。秘书工作人员可以通过互联网及时收集、查询国内外的各种信息。要做到高效准确地查询到工作所需的信息,要求秘书具备较高水平的网络应用能力。学会键入高质量的关键词,这也是秘书综合能力的一种体现。

（3）会议渠道,指把各种大小会议作为信息源来收集信息。秘书在参加各种会议时要做好记录,运用速写技术的同时还可利用录音笔等现代化设备来辅助。会后及时整理会议纪要,按组织管理制度及时制发文件,传阅并归档。

（4）文件渠道,指从各种上行文件、下行文件、平行文件及内部参考资料中收集信息。

（5）业务渠道。秘书还要学会在处理日常事务性工作中随时收集对自己工作有帮助的信息,如在接待业务中注意留存各类来访者的联系方式等。

（二）信息收集的主要方法

收集信息的具体方法多种多样,可以因人、因事、因地而异,秘书人员要能够熟知每种方法的操作和优缺点,根据实际情况灵活地选用。要使信息收集工作做到经常而有计划、广泛而有系统、及时而有实效,就必须学会运用各种科学的收集方法,讲究工作效率。一般来说,按信息收集的时效划分,可分为一次性收集、经常性收集和预期收集;按信息收集的对象和范围来划分,有全面收集和局部收集;按信息收集的渠道划分,有直接收集和间接收集等。现阶段,人们收集信息时通常采取各种方法相配合来进行。

（1）观察法。这是收集信息最基本的方法。具体是指人们直接通过感官或借助其他工具(录音机、照相机、摄影机、摄像机等)认识客观事物来获取信息。对于秘书工作人员来讲,较强的信息意识和敏锐的观察力是秘书职业能力的一个构成;同时,还要做到全面、深入、立体、动态地观察事物,并善于透过现象看到事物的本质。

（2）听读法。指通过收听广播,收看电视,浏览网页,阅读报纸、书籍、文献、资料等方式收集信息。从这些现成的材料中发现新政策、新动向、新知识,注意把握信息的实质内容,有些重要的信息还要进一步核实、论证方可采用。

（3）调查法。指信息收集者在调查访问中通过提问请对方作答的方式(包括面谈、电话等)来获取信息。

（4）索购法。指对一些无法仅通过自己的努力即可获取的信息,向信息占有者或与信息占有者有关的人无偿索取或有偿购买的方式来获取信息。

（5）交换法。指通过用自己收集和加工整理的信息资料，同有关地区、部门或单位进行交换（临时或长期交换），以互通有无的方式来获取信息。

三、秘书对信息的处理

秘书人员运用正确的方法收集到信息后，不能直接报送给上司，必须经过检选。

（一）处理信息的原则

1. 明确信息处理的目的

信息处理的目的是为了保证信息的适用，能够达成指导和选择行为、提高活动的效益的目标。为此，秘书人员在对信息进行处理前，必须保证信息服务于组织特定的工作目标。如新《劳动合同法》实施的信息对组织中的人力资源部就很有价值，人力资源部根据新《劳动合同法》的规定而测算出的各项保险费、补偿金等项的支出金额对财务部门又是一条经过细化处理的宝贵信息。

2. 保证信息处理的及时

随着时代的发展，信息的时效性越来越强，秘书工作人员必须及时处理信息才能使其发挥应有的作用，否则信息将失去它的价值。

3. 保证信息的准确性

信息处理的准确性来源于原始信息的真实性。信息对于决策意义重大，信息中的关键因素必须准确无误。在信息处理中，要如实反映客观情况，避免信息失真。所以，秘书工作人员必须养成对获取的信息进行认真核实的良好工作习惯，保证所提供的信息的准确性。

4. 综合处理各种信息

初始信息通常是一些零散的原始信息，秘书工作人员必须有综合处理信息的工作能力，对信息进行筛选、概括、提炼、分类和整理，最后整合出对领导有价值的信息。

（二）信息处理过程的具体环节

1. 信息的检选

这是信息处理工作的首要环节，对提高信息工作的效率有着重要的意义。一般来说，对信息的检选包括以下三个环节。

（1）记录工作。秘书每天要接触大量的信息，它们来自各种不同的渠道，有秘书人员主动收集的，有下级部门报送和平级单位转发的各种文件、材料等。为了便于检选，秘书必须对各种信息进行及时清晰的记录，可以在工作日志中记录，也可以设计专门的工作表格记录。

（2）分类工作。秘书每天接收的大量信息,必须按照一定的标准进行分类整理,可以按照报送的部门分,按照信息的内容分,也可以按照紧急程度分。不同的组织有不同的工作规则,不同的秘书人员也有自己的工作习惯,这些分类标准可以根据实际情况选择运用或综合运用。

（3）检选工作。在这个信息爆炸的时代,大量的信息固然会为我们的工作生活提供便利,但也难免会有良莠不齐的现象,为此秘书在向领导呈报信息前必须对其进行检选。检选的标准可以是信息的来源、信息的合目的性、信息的紧急性等方面。

2. 信息的写作

信息的写作是一项要求很高的工作。秘书工作人员在做此项工作时,要注意拟标题要简洁明确,正文要凝练、准确,行文中尽可能用数据和图表来形象地说明问题。

3. 信息的传递

为了实现信息的价值,秘书工作人员要迅速、准确地完成信息的传递。在传递渠道的选择上,要合理而慎重,同时注意保密。

案例分析 >>>

S公司总经理王一凡有个习惯,每到公司有重大项目要做决策之前,他总会分别约见采购部、销售部、财务部等重要部门的主管,详细地了解情况并要求他们提供专业数据及相关分析。这之后还一定会召开几次不同层级的各部门工作人员参加的会议,让他们交流信息。

1. 调研数据对领导做出正确决策的意义是什么?
2. 秘书人员在调研中应如何收集整理数据,为领导提供有价值的信息?

本章小结

本章讲述了秘书的调查研究工作和秘书的信息处理工作等内容。重点介绍了秘书人员要充分认识到调查研究与信息工作的重要性,要求同学们学会并能综合运用各种调研及信息收集方法。

复习思考题

1. 秘书调查研究工作有哪些作用?

2. 秘书调查研究的方法有哪些?
3. 秘书信息工作的作用是什么?
4. 秘书可以用哪些方法收集信息?
5. 个别访谈法与座谈调查法对调查者的要求有哪些异同点?
6. 信息处理工作的原则有哪些?

项目实训一

一、实训目标

根据理论讲授的秘书调查研究工作的方法,通过模拟实训,掌握各种调研方法的运用。

二、实训背景

S公司要进行薪酬福利制度的改革,总经理办公会上把这项改革的前期准备工作分配给了人力资源部来操作。

三、实训内容

假定你是S公司人力资源部的秘书,要开展一次较大规模的调研活动,请按分组的情况,通过会议的形式自主决定人员分工,以团队的名义提交本组的调研计划、调研提纲和调研成果,并做成WORD文档和PPT。

四、实训要求

1. 本实训任务可以在文秘实训室完成,要求学生每人一台电脑。
2. 由教师合理分组。
3. 各组成员要充分参与到情景模拟实训之中。
4. 全部实训任务应在三课时内完成。
5. 实训任务完成后,学生必须参加实训成果汇报。汇报后,先由学生之间互评,接着由教师进行点评,最后教师根据学生实训任务完成情况,并结合学生成果汇报时的表现综合评分。

项目实训二

一、实训目标

通过实训,要求学生全面掌握信息收集的方法。

二、实训背景

你是S公司总经理王一凡的秘书小张。王总要在下周去广东参加一个行业交流及业务洽谈会。

三、实训内容

作为王总的秘书,请你列出在此次会议前你要为王总准备哪些信息资料以及这些资料的取得渠道和方法,并说明理由。

四、实训要求

1. 本实训任务可以在文秘实训室完成,要求学生每人一台电脑。实训室配备打印输出设备。

2. 本次实训作业由学生个人完成。

3. 以 Word 文档的形式提交作业。

4. 全部实训任务应在一个课时内完成。

5. 实训作业提交后,学生要完成答辩。最后,教师根据学生实训任务完成情况,并结合学生成果汇报时的表现综合评分。

第六章 秘书的文书与档案工作

本章提要

文书工作和档案工作是秘书工作的重要组成部分。本章从总体上对文书处理、文书的整理归档,档案工作的基本内容、基本原则、基本性质进行了论述。

本章学习目标

- 掌握文书处理的程序
- 全面理解文书整理归档的基本原则
- 掌握档案工作的内容

第一节 秘书的文书工作

引导案例 6-1

秘书的文书工作任务是什么?

一、文书处理

文书处理是秘书工作中的一项重要内容。它的基本任务是科学地组织和准确地处理机关的公文,有序而安全地进行公文运转,规范地完成文书的收发传递处理工作,正确地发挥公文的作用。文书处理主要包括发文处理程序和收文处理程序。

(一)发文的处理程序

发文处理是公文形成的重要阶段,是指各种社会组织为制发公文所进行的公文处置与管理活动。

2012年4月,中共中央办公厅、国务院办公厅联合印发了《党政机关公文处理工作条例》(中办发〔2012〕14号),决定从2012年7月1日起施行。该条例第二十五条规定,发文的主要程序是:

(1)复核。已经发文机关负责人签批的公文,印发前应当对公文的审批手续、内容、文种、格式等进行复核;需作实质性修改的,应当报原签批人复审。

(2)登记。对复核后的公文,应当确定发文字号、分送范围和印制份数,并详细记载。

(3)印制。公文印制必须确保质量和时效。涉密公文应当在符合保密要求的场所印制。

(4)核发。公文印制完毕,应当对公文的文字、格式和印刷质量进行检查后分发。

(二)收文的处理程序

凡是由外机关或外部门送给本机关的文件,统称为收文。《党政机关公文处理工作条例》(中办发〔2012〕14号)第二十四条规定,收文办理的主要程序是:

(1)签收。对收到的公文应当逐件清点,核对无误后签字或者盖章,并注明签收时间。

(2)登记。对公文的主要信息和办理情况应当详细记载。

(3)初审。对收到的公文应当进行初审。初审的重点是:是否应当由本机关办理,是否符合行文规则,文种、格式是否符合要求,涉及其他地区或者部门职权范围内的事项是否已经协商、会签,是否符合公文起草的其他要求。经初审不符合规定的公文,应当及时退回来文单位并说明理由。

(4)承办。阅知性公文应当根据公文内容、要求和工作需要确定范围后分送。批办性公文应当提出拟办意见,报本机关负责人批示或者转有关部门办理;需要两个以上部门办理的,应当明确主办部门。紧急公文应当明确办理时限。承办部门对交办的公文应当及时办理;有明确办理时限要求的,应当在规定时限内办理完毕。

(5) 传阅。根据领导批示和工作需要将公文及时送传阅对象阅知或者批示。办理公文传阅,应当随时掌握公文去向,不得漏传、误传、延误。

(6) 催办。及时了解掌握公文的办理进展情况,督促承办部门按期办结。紧急公文或者重要公文,应当由专人负责催办。

(7) 答复。公文的办理结果应当及时答复来文单位,并根据需要告知相关单位。

二、文书的整理归档

一个单位可能形成许多文件,为了便于日后查找和利用,为档案工作奠定基础,必须对文书进行系统的整理归档。文书整理归档是指将处理完毕的,具有一定查考价值、应作为档案保存的文件材料,按照它们在形成过程中的联系,以"件"为单位,分类整理,并进行装盒、归档的过程。《党政机关公文处理工作条例》(中办发〔2012〕14号)第二十七条规定:"需要归档的公文及有关材料,应当根据有关档案法律法规以及机关档案管理规定,及时收集齐全、整理归档。两个以上机关联合办理的公文,原件由主办机关归档,相关机关保存复制件。机关负责人兼任其他机关职务的,在履行所兼职务过程中形成的公文,由其兼职机关归档。"

(一) 文书整理归档的基本原则

1. 遵循文件的形成规律

文书是随着机关的活动而产生的,是机关工作活动的客观、自然的反映。在社会生活中,任何社会组织的活动都是在一定社会环境中进行的,都必须依照其赖以生存的社会环境进行有规律的活动。也就是说,机关工作活动是有一定规律的,反映机关活动的文件的形成也一定是有规律的。文书形成的规律性决定了在进行文书整理时,就要遵循文件在形成时期的客观规律性。只有这样,才能客观地反映出机关工作活动的真实历史面貌,才能使整理后的文件成为真实的历史记录,文书也才有查考利用的价值。

2. 保持文件之间的联系

机关工作除具有规律性之外,机关内部的各项活动之间、本机关与其他机关之间,必然存在着这样或那样的联系,即便是同一工作内容的不同阶段之间,也存在着极为密切的联系。这种活动或工作过程中的联系，决定了文书在形成过程中必然是相互联系的，因此，在进行文书整理时，只有保持文书之间的这种自然的、历史的有机联系，才能展示机关工作或活动的背景环境，才能够全面地反映机关的工作或活动，文书也才能更具有查考利用的价值。

3. 区分不同价值

机关单位在其职能活动或业务活动中，会形成大量的文件材料。这些文件材料虽然都是历史记录，但它们的作用是不同的。这就需要在进行文书整理时，应根据文书作用的不同，将其区分开来，以便在保存和利用过程中更好地对其进行管理。

4. 便于保管和利用

文书整理归档的最终目的是更好地利用文书，因此，便于保管利用也是文书整理的最基本的原则。文书整理的一切工作都要围绕这一原则展开，文书整理的具体方法、具体步骤都要体现这一原则。能否方便利用也是检验文书整理方法是否科学的唯一标准。

（二）文书整理归档的范围

1. 机关文书材料的归档范围

（1）反映本机关主要职能活动和基本历史面貌的，对本机关工作、国家建设和历史研究具有利用价值的文书材料；

（2）机关工作活动中形成的在维护国家、集体和公民权益等方面具有凭证价值的文书材料；

（3）本机关需要贯彻执行的上级机关、同级机关的文书材料，下级机关报送的重要文书材料；

（4）其他对本机关工作具有查考价值的文书材料。

2. 机关文书材料不归档范围

（1）上级机关的文书材料中，普发性不需本机关办理的文书材料，任免、奖惩非本机关工作人员的文书材料，供工作参考的抄件等；

（2）本机关文书材料中的重份文件，无查考利用价值的事务性、临时性文件，一般性文件的历次修改稿、各次校对稿，无特殊保存价值的信封，不需办理的一般性人民来信、电话记录，机关内部互相抄送的文书材料，本机关负责人兼任外单位职务形成的与本机关无关的文书材料，有关工作参考的文书材料；

（3）同级机关的文书材料中，不需贯彻执行的文书材料，不需办理的抄送文书材料；

（4）下级机关的文书材料中，供参阅的简报、情况反映，抄报或越级抄报的文书材料。

(三) 文书整理归档需要注意的几个问题

现实工作中并不是所有的文书都必须归档,文书整理归档,要注意以下几个问题。

1. 归档的文书必须是办理完毕的

所谓"办理完毕",并不是说文书内容所涉及的事情已经全部办理完毕,而是指文书处理程序上已经办理完毕。

2. 归整的文书必须具有一定的查考价值

文书整理不能"有文必档",没有查考利用价值的文书材料可以不整理归档。

3. 归整文书材料的介质

归整文书材料是指各种纸制文书材料,特殊性文书如音像、录音等不属于此整理范围。

4. 归整文书的分类整理

归整文书的分类,必须按照它们在形成过程中的自然联系分类整理。也就是说,应把有密切联系的文件材料以"件"为单位进行分类整理,以便于查找利用。

以"件"为单位是指内容大致相同的一份文件或一组文件。"件"的界定有四种情况:一是以"自然件"为一件,即一般的每一份文件为一件;二是文件正本与定稿,正文与附件、原件与复印件,转发文与被转发文为一件;三是报表、名册、图册(本)等为一件;四是来文与复文为一件。"自然件"是基本件,而后三种情况实质上是"自然件"在外延上的适度延伸,是有自然、内在、有机联系的"组件"。"件"是文书制发、传递处理的基本单位,也是文书归档的基本单位。

5. 归档文书的保管

归整文书,应进行装盒(档案盒),以便保管和利用,同时将归整装盒的文书向档案部门进行移交,即归档。

2015年10月25日,国家档案局发出了《国家档案局关于发布档案行业标准〈归档文件整理规则〉的通知》,明确指出:"档案行业标准《归档文件整理规则》(DA/T 22—2015)(代替DA/T 22—2000)经全国档案工作标准化技术委员会审查通过,并经国家档案局批准为推荐性行业标准,现予以发布,自2016年6月1日起实施。国家档案局网站政策法规栏目的行业标准目录中可查到该标准全文内容。"这清楚地表明,《归档文件整理规则》(DA/T 22—2015)已完全取代了原来的2000年12月6日发布实施的《归档文件整理规则》(DA/T 22—2000)。

那么,《归档文件整理规则》(DA/T 22—2015),与原来的2000年12月6日发布实施的《归档文件整理规则》(DA/T 22—2000)相比,发生了哪些变化呢?

主要变化如下:

——标准的总体编排和结构按 GB/T 1.1-2009 进行了修改;

——将标准适用范围由纸质文件材料扩展为纸质和电子文件材料;

——调整归档文件分类方法;

——增加归档文件组件和纸质归档文件修整、装订、编页、排架要求;

——增加归档文件档号结构和编制要求;

——将室编件号、馆编件号统一为件号;

——在附录中增加归档章示例、直角装订方法。

归档文件整理规则

1 范围

本标准规定了应作为文书档案保存的归档文件的整理原则和方法。

本标准适用于各级机关、团体、企事业单位和其他社会组织对应作为文书档案保存的归档文件的整理。其他门类档案可以参照执行。企业单位有其他特殊规定的,从其规定。

2 规范性引用文件

下列文件对于本文件的应用是必不可少的。凡是注日期的引用文件,仅所注日期的版本适用于本文件。凡是不注日期的引用文件,其最新版本(包括所有的修改单)适用于本文件。

GB/T 18894 电子文件归档与管理规范

DA/T 1—2000 档案工作基本术语

DA/T 13—1994 档号编制规则

DA/T 25—2000 档案修裱技术规范

DA/T 38—2008 电子文件归档光盘技术要求和应用规范

3 术语和定义

下列术语和定义适用于本标准。

3.1 归档文件

立档单位在其职能活动中形成的、办理完毕、应作为文书档案保存的文件材料,包括纸质和电子文件材料。

3.2 整理

将归档文件以件为单位进行组件、分类、排列、编号、编目等(纸质归档文件还包括修整、装订、编页、装盒、排架;电子文件还包括格式转换、元数据收集、归档数据包组织、存储等），使之有序化的过程。

3.3 件

归档文件的整理单位。

3.4 档号

在归档文件整理过程中赋予其的一组字符代码，以体现归档文件的类别和排列顺序。

4 整理原则

4.1 归档文件整理应遵循文件的形成规律，保持文件之间的有机联系。

4.2 归档文件整理应区分不同价值，便于保管和利用。

4.3 归档文件整理应符合文档一体化管理要求，便于计算机管理或计算机辅助管理。

4.4 归档文件整理应保证纸质文件和电子文件整理协调统一。

5 一般要求

5.1 组件（件的组织）

5.1.1 件的构成

归档文件一般以每份文件为一件。正文、附件为一件；文件正本与定稿（包括法律法规等重要文件的历次修改稿）为一件；转发文与被转发文为一件；原件与复制件为一件；正本与翻译本为一件；中文本与外文本为一件；报表、名册、图册等一册（本）为一件（作为文件附件时除外）；简报、周报等材料一期为一件；会议纪要、会议记录一般一次会议为一件，会议记录一年一本的，一本为一件；来文与复文（请示与批复、报告与批示、函与复函等）一般独立成件，也可为一件。有文件处理单或发文稿纸的，文件处理单或发文稿纸与相关文件为一件。

5.1.2 件内文件排序

归档文件排序时，正文在前，附件在后；正本在前，定稿在后；转发文在前，被转发文在后；原件在前，复制件在后；不同文字的文本，无特殊规定的，汉文文本在前，少数民族文字文本在后；中文本在前，外文本在后；来文与复文作为一件时，复文在前，来文在后。有文件处理单或发文稿纸的，文件处理单在前，收文在后；正本在前，发文稿纸和定稿在后。

5.2 分类

5.2.1 立档单位应对归档文件进行科学分类，同一全宗应保持分类方案的一致性和稳定性。

5.2.2 归档文件一般采用年度—机构（问题）—保管期限、年度—保管期限—机构（问题）等方法进行三级分类。

a) 按年度分类

将文件按其形成年度分类。跨年度一般应以文件签发日期为准。对于计划、总结、预算、统计报表、表彰先进以及法规性文件等内容涉及不同年度的文件,统一按文件签发日期判定所属年度。跨年度形成的会议文件归入闭幕年。跨年度办理的文件归入办结年。当形成年度无法考证时,年度为其归档年度,并在附注项加以说明。

b) 按机构(问题)分类

将文件按其形成或承办机构(问题)分类。机构分类法与问题分类法应选择其一适用,不能同时采用。采用机构分类的,应根据文件形成或承办机构对归档文件进行分类,涉及多部门形成的归档文件,归入文件主办部门。采用问题分类的,应按照文件内容所反映的问题对归档文件进行分类。

c) 按保管期限分类

将文件按划定的保管期限分类。

5.2.3 规模较小或公文办理程序不适于按机构(问题)分类的立档单位,可以采取年度—保管期限等方法进行两级分类。

5.3 排列

5.3.1 归档文件应在分类方案的最低一级类目内,按时间结合事由排列。

5.3.2 同一事由中的文件,按文件形成先后顺序排列。

5.3.3 会议文件、统计报表等成套性文件可集中排列。

5.4 编号

5.4.1 归档文件应依分类方案和排列顺序编写档号。档号编制应遵循唯一性、合理性、稳定性、扩充性、简单性原则。

5.4.2 档号的结构宜为:全宗号－档案门类代码·年度－保管期限－机构(问题)代码－件号。

上、下位代码之间用"－"连接,同一级代码之间用"·"隔开。如"Z109－WS·2011－Y－BGS－0001"。

5.4.3 档号按照以下要求编制:

a) 全宗号:档案馆给立档单位编制的代号,用4位数字或者字母与数字的结合标识,按照 DA/T 13－1994 编制。

b) 档案门类代码·年度:归档文件档案门类代码由"文书"2位汉语拼音首字母"WS"标识。年度为文件形成年度,以4位阿拉伯数字标注公元纪年,如"2013"。

c) 保管期限:保管期限分为永久、定期30年、定期10年,分别以代码"Y"

"D30""D10"标识。

d) 机构(问题)代码:机构(问题)代码采用3位汉语拼音字母或阿拉伯数字标识,如办公室代码"BGS"等。归档文件未按照机构(问题)分类的,应省略机构(问题)代码。

e) 件号:件号是单件归档文件在分类方案最低一级类目内的排列顺序号,用4位阿拉伯数字标识,不足4位的,前面用"0"补足,如"0026"。

5.4.4 归档文件应在首页上端的空白位置加盖归档章并填写相关内容。电子文件可以由系统生成归档章样式或以条形码等其他形式在归档文件上进行标识。

5.4.5 归档章应将档号的组成部分,即全宗号、年度、保管期限、件号,以及页数作为必备项,机构(问题)可以作为选择项。归档章中全宗号、年度、保管期限、件号、机构(问题)按照5.4.3编制,页数用阿拉伯数字标识。为便于识记,归档章保管期限也可以使用"永久""30年""10年"简称标识,机构(问题)也可以用"办公室"等规范化简称标识。

5.5 编目

5.5.1 归档文件应依据档号顺序编制归档文件目录。编目应准确、详细,便于检索。

5.5.2 归档文件应逐件编目。来文与复文作为一件时,对复文的编目应体现来文内容。归档文件目录设置序号、档号、文号、责任者、题名、日期、密级、页数、备注等项目。

a) 序号:填写归档文件顺序号。

b) 档号:档号按照5.4.2-5.4.3编制。

c) 文号:文件的发文字号。没有文号的,不用标识。

d) 责任者:制发文件的组织或个人,即文件的发文机关或署名者。

e) 题名:文件标题。没有标题、标题不规范,或者标题不能反映文件主要内容、不方便检索的,应全部或部分自拟标题,自拟内容外加方括号"[ ]"。

f) 日期:文件的形成时间,以国际标准日期表示法标注年月日,如19990909。

g) 密级:文件密级按文件实际标注情况填写。没有密级的,不用标识。

h) 页数:每一件归档文件的页面总数。文件中有图文的页面为一页。

i) 备注:注释文件需说明的情况。

5.5.3 归档文件目录推荐由系统生成或使用电子表格进行编制。目录表格采用A4幅面,页面宜横向设置。

5.5.4 归档文件目录除保存电子版本外,还应打印装订成册。装订成册的归档文件目录,应编制封面。封面设置全宗号、全宗名称、年度、保管期限、机构(问题),其中全宗名称即立档单位名称,填写时应使用全称或规范化简称。归档文件目录可以按年装订成册,也可每年区分保管期限装订成册。

6 纸质归档文件的修整、装订、编页、装盒和排架

6.1 修整

6.1.1 归档文件装订前,应对不符合要求的文件材料进行修整。

6.1.2 归档文件已破损的,应按照 DA/T 25－2000 予以修复;字迹模糊或易退变的,应予复制。

6.1.3 归档文件应按照保管期限要求去除易锈蚀、易氧化的金属或塑料装订用品。

6.1.4 对于幅面过大的文件,应在不影响其日后使用效果的前提下进行折叠。

6.2 装订

6.2.1 归档文件一般以件为单位装订。归档文件装订应牢固、安全、简便,做到文件不损页、不倒页、不压字,装订后文件平整,有利于归档文件的保护和管理。装订应尽量减少对归档文件本身影响,原装订方式符合要求的,应维持不变。

6.2.2 应根据归档文件保管期限确定装订方式,装订材料与保管期限要求相匹配。为便于管理,相同期限的归档文件装订方式应尽量保持一致,不同期限的装订方式应相对统一。

6.2.3 用于装订的材料,不能包含或产生可能损害归档文件的物质。不使用回形针、大头针、燕尾夹、热熔胶、办公胶水、装订夹条、塑料封等装订材料进行装订。

6.2.4 永久保管的归档文件,宜采取线装法装订。页数较少的,使用直角装订或缝纫机轧边装订,文件较厚的,使用"三孔一线"装订。永久保管的归档文件,使用不锈钢订书钉或糨糊装订的,装订材料应满足归档文件长期保存的需要。

6.2.5 永久保管的归档文件,不使用不锈钢夹或封套装订。

6.2.6 定期保管的、需要向综合档案馆移交的归档文件,装订方式按照6.2.4－6.2.5执行。定期保管的、不需要向综合档案馆移交的归档文件,装订方式可以按照6.2.4执行,也可以使用不锈钢夹或封套装订。

6.3 编页

6.3.1 纸质归档文件一般应以件为单位编制页码。

6.3.2 页码应逐页编制,宜分别标注在文件正面右上角或背面左上角的空白位置。

6.3.3 文件材料已印制成册并编有页码的;拟编制页码与文件原有页码相同的,可以保持原有页码不变。

6.4 装盒

将归档文件按顺序装入档案盒,并填写档案盒盒脊及备考表项目。不同年度、机构(问题)、保管期限的归档文件不能装入同一个档案盒。

6.4.1 档案盒

6.4.1.1 档案盒封面应标明全宗名称。档案盒的外形尺寸为310mm×220mm(长×宽),盒脊厚度可以根据需要设置为20 mm、30mm、40mm、50mm等。

6.4.1.2 档案盒应根据摆放方式的不同,在盒脊或底边设置全宗号、年度、保管期限、起止件号、盒号等必备项,并可设置机构(问题)等选择项。其中,起止件号填写盒内第一件文件和最后一件文件的件号,起件号填写在上格,止件号填写在下格;盒号即档案盒的排列顺序号,按进馆要求在档案盒盒脊或底边编制。

6.4.1.3 档案盒应采用无酸纸制作。

6.4.2 备考表

备考表置于盒内文件之后,项目包括盒内文件情况说明、整理人、整理日期、检查人、检查日期。

a)盒内文件情况说明:填写盒内文件缺损、修改、补充、移出、销毁等情况。

b)整理人:负责整理归档文件的人员签名或签章。

c)整理日期:归档文件整理完成日期。

d)检查人:负责检查归档文件整理质量的人员签名或签章。

e)检查日期:归档文件检查完毕的日期。

6.5 排架

6.5.1 归档文件整理完毕装盒后,上架排列方法应与本单位归档文件分类方案一致,排架方法应避免频繁倒架。

6.5.2 归档文件按年度—机构(问题)—保管期限分类的,库房排架时,每年形成的档案按机构(问题)序列依次上架,便于实体管理。

6.5.3 归档文件按年度—保管期限—机构(问题)分类的,库房排架时,每年形成的档案按保管期限依次上架,便于档案移交进馆。

7 归档电子文件的整理要求

7.1 归档电子文件组件(件的组织)、分类、排列、编号、编目,应符合本《规则》"5 一般要求"的规定。

7.2 归档电子文件的格式转换、元数据收集、归档数据包组织、存储等整理要求,参照《数字档案室建设指南》(2014年)、GB/T 18894、DA/T 48、DA/T 38等标准执行。

7.3 归档电子文件整理,应使用符合《数字档案室建设指南》(2014年)、GB/T 18894等标准的应用系统。

三、电子文件的收集与整理

电子文件,指的是能被电子计算机识别、处理,按一定格式存储在磁带、磁盘或光盘等介质上,并可以在网络上传送的数字代码序列。又称为机读文件或数字式文件。

（一）电子文件的收集范围

记录重要文件主要修改过程和办理情况的、有查考价值的电子文件及其电子版本的定稿均应被保留。正式文件是纸质的,但保管部门已开始进行计算机全文转换工作,与正式文件内容相同的电子文件也应当保留。

（二）电子文件的收集积累的方法

电子文件的收集积累往往是在计算机网络系统上进行。记录系统有自动记录的功能,可用它来记载电子文件的形成、修改、删除、责任者、入数据库时间等。

用载体传递的电子文件,要按规定进行登记、签署;对于更改处,要填写更改单,按更改审批手续进行,并存储备份件,防止出现差错。

电子文件的收集积累应由形成部门集中管理,不得由个人分散保管。

对于网络系统,应建立积累数据库,或在电子文件数据库中将对应在收集积累范围的电子文件注明积累标识。

（三）电子文件的整理

电子文件的整理是指按照一定的原则和方法,将收集积累的电子文件分门别类进行清理,为归档做好准备的工作。

电子文件整理包括两个层次。

1. 分类、排序的组织

分类、排序的组织就是将磁性载体传递的零散的、杂乱的电子文件通过分类、标引、组合,使电子文件存储格式处于一种有序状态。文件名称、文件号、分类和隶属编号等电子文件的著录标引应由归档人员来完成。著录标引在整理工作中占有重要地位,其质量好坏,将直接影响未来的电子档案保管和利用。

在整理过程中,可能会遇到文件格式重新编排和重新组合的情况。这种格式转换有可能损伤数据,损害作为证据的电子文件的真实性。但随着技术的发展,不断解决这一格式转换问题,并保证电子文件的真实性、完整性,是归档人员和档案管理部门整理电子档案的一项重要内容。

2. 组织建立数据库

组织建立数据库的主要工作内容包括以下几类。首先是对电子文件进行分类和编号。一个单位的电子文件类别是多种多样的,对这些电子文件要进行分门别类的管理,就要有科学的分类。要按门类划分要求,结合本单位的专业和电子文件内容制定分类编号方案。分类编号就是按照分类编号方案的规定对电子文件进行划分,并给每份电子文件一个固定的唯一的号码,从而使全部电子文件成为一个有机的整体。其次是对电子文件进行登记。电子文件的整理是未来的电子档案管理和利用等工作的基础。

与纸质文件相比较,电子文件在数据库中是以虚拟形式存在的,经过对电子文件的科学整理,构成有序的虚拟状态,通过检索,可以提取电子文件并在计算机屏幕上显示出来,而数据库就是存、取电子文件的"虚拟文件库"。需要注意的是,在任何条件环境下,都要复制一份电子文件保存,并对这套软、硬件环境做出说明。有些必须以纸质文件存在时,可输出纸质文件保存。

第二节 秘书的档案工作

引导案例 6-2

秘书的档案工作任务是什么?

一、档案工作的基本内容

(一)档案的收集

档案的收集是档案馆(室)接收和征集档案的总称,包括档案室对本单位归档案卷的接收,档案馆对现行机关或撤销机关移交档案的接收、对社会各界人士捐赠档案的接收、对流散在社会上的珍贵档案的征集。档案收集的任务,是解决档案分散状况与保管、利用档案要求合理集中的矛盾,只有"化分散为集中",才能便于保管和利用。它是档案工作的起点,是档案工作的第一个环节,也是实现档案集中统一管理的一项重要的和基本的内容。

（二）档案的整理

档案的整理是将零散文件分门别类地组成档案有机体的一项工作,包括分类、立卷、案卷的排列、案卷目录的编制等一系列工作程序。档案整理的任务,是解决档案零散状态与保管、利用档案要求其系统化的矛盾,"化零散为系统",使档案由无序状态转化为有序状态,便于保管和利用。

（三）档案的鉴定

档案的鉴定是指档案保存价值的鉴定,是鉴别档案价值的大小、确定保管期限、决定档案存毁的一项工作。档案鉴定的任务,是解决档案的量大质杂与保管、利用档案要求优质化的矛盾。只有淘汰档案的无用部分,存留其有用部分,才便于档案的保管和利用。

（四）档案的保管

档案的保管是保护档案的安全、延长档案寿命的一项工作,包括档案保护技术工作和库房管理工作。档案保管的任务,是解决档案的易损性与社会要求长远保管和利用档案的矛盾。只有最大限度地延长档案的寿命,或者通过缩微复制等技术手段保护档案信息,才能保证社会对档案的长远利用。

（五）档案的检索

档案的检索是对档案内容和形式进行分析、选择、浓缩和记录,并按照一定次序编排成为各种目录的工作过程,包括检索性目录（如案卷目录、分类目录、专题目录、主题目录、人名目录等）和介绍性目录（如档案馆指南、全宗指南、专题指南等）。档案的编目工作,就是为了解决数量不断增长的档案与利用者对档案信息特定需要之间的矛盾。

（六）档案的编研

档案的编研指档案馆（室）工作人员对档案资料的编辑与研究工作,包括编辑档案文献汇编、编写综合参考资料以及编史修志等。其主要任务是:按照一定的选题,将重要的档案编辑成为文献出版物（如档案史料汇编或丛编）,重要文件汇编或政策法令汇编,以及科学技术资料汇编等;或者将档案信息浓缩化、系统化,编成大事记、组织沿革、基础数字汇编、专题概要等,便于不同利用对象的使用。

（七）档案的提供利用

档案的提供利用亦称档案信息的输出，是通过多种信息传输渠道和媒介，将档案信息传递给利用者的工作过程。它是档案工作为各项社会实践服务的直接体现，它把档案利用由可能性变成现实性，通过它可以把档案工作搞活，把档案这种"死材料"变成"活信息"，在各项社会实践中发挥作用。

（八）档案的统计

档案的统计是以表格数字形式全面地反映档案、档案工作和档案事业状况，包括档案的收进、移出、整理、鉴定、保管、利用情况，以及档案机构、人员、经费、设备的登记和统计。档案统计是取得各种反馈信息，对档案工作进行监督的重要手段之一，是档案部门了解情况、总结经验、进行决策、制订计划的依据。

二、档案工作的基本原则

我国档案工作的基本原则是："档案工作实行统一领导、分级管理的原则，维护档案的完整与安全，便于社会各方面的利用。"[①]

（一）统一领导、分级管理档案工作

统一领导、分级管理档案工作，即以前常说的"集中统一地管理国家全部档案"。它包括三个方面的内容。一是各单位各种门类和载体的档案，均由本单位档案室集中管理；档案中需要长远保存的，由各级档案馆集中保管。二是全国档案工作，由各级档案行政管理部门统一地、分层负责地进行指导和监督。三是实行党政档案工作的统一管理。

（二）维护档案的完整与安全

这是档案实体管理原则，是档案管理的基本要求。

维护档案的完整，有两个方面的含义：一方面，从数量上，要保证档案的齐全，不使应该集中保存的档案残缺短少；另一方面，从质量上，也就是从系统性方面，要维护档案的有机联系，不能人为地割裂分散，或者零乱堆砌。

维护档案的安全，也有两方面的含义：一方面，力求档案本身不受损坏，尽量延长档案的寿命；另一方面，要维护档案免遭意外的破坏，不失密。

（三）便于社会各方面对档案的利用

这是档案工作原则。档案的利用是档案工作系统的最终目标。档案被利用的广泛程度，是检验档案工作效果的主要标志之一，档案工作做得是否有成效，主要看它是否为国家和社会做出了贡献。

[①] 《中华人民共和国档案法》，第三章"档案的管理"。

三、档案工作的性质

档案工作是管理档案和提供档案信息为各项社会实践服务的一项专门业务。档案工作的一般性质,包括档案工作的信息性、管理性、科学性、服务性、政治性和机要性。

(一)档案工作的信息性

档案对社会的总体作用可归结为信息交流作用。档案是社会信息的一部分,而且是最原始、最可靠的信息。

(二)档案工作的管理性

档案的信息交流作用主要体现在社会管理领域。档案作为一种管理工具参与社会的管理事务。这种管理是广义的,既包括政治意义上的社会管理,也包括具体社会实践方面,如科技、文化、经济建设等意义上的管理。在阶级社会中还包括阶级统治、阶级压迫意义上的管理。

(三)档案工作的科学性

档案工作不但为科学研究创造条件,而且它本身也是一项科学性工作。档案工作的科学性是指档案管理的科学性。档案工作的各个业务环节,都以科学知识为指导,都有一套科学的工作原则和方法。

(四)档案工作的服务性

从档案工作同其他工作的关系来说,它属于一项服务性的、条件性的工作。虽然档案工作也是一项研究性的工作,但是档案部门研究档案、进行编著等活动的主要目的还是更好地适应各界的利用需要,为党和国家各项工作提供档案材料。档案工作的服务性,是档案工作赖以存在和发展的基本因素。

(五)档案工作的政治性

档案工作的政治性表现在档案为谁所有,为谁服务,受到什么阶级利益的制约。在我国,档案工作不是一般的服务性行业,它是巩固人民民主专政、维护国家机密和历史财富的重要阵地之一。在当前的社会主义现代化建设事业中,档案工作必须把工作重点切实地转移到为经济建设服务的中心上来。

(六)档案工作的机要性

档案工作的机要性也是档案工作政治性的表现之一。档案工作的机要性,是由档案本身的特点以及国家利益所决定的。古今中外任何国家的档案工作都有一定的保密要求。档案中的一部分内容涉及国家的政治、军事、经济和技术机密,因此必须保密。一般来说,现行机关的档案机密性强些,不对外开放。档案馆的档案,根据馆藏情况不同,档案的机密性情况也不同,而且馆藏档案会随着时间的推移而发生变化。对于档案工作来讲,应树立正确的档案保密观,夸大或否定档案工作的机密性都是错误的。

四、归档电子文件的保管

归档电子文件的保管应做到以下几点。

(一)存放磁盘、磁带的介质库房要保持恒温、恒湿

具体要求是温度在15℃—25℃之间,相对湿度在40%—60%之间,良好通风和符合要求的洁净度。

(二)磁盘、磁带盒应放在安全可靠的地方

磁盘、磁带盒应放在防潮、防火、防尘、防腐蚀和远离磁场源、远离热源、安全可靠的地方。有条件的可放在恒温、恒湿的介质库房中。长期不用的磁盘、磁带,应在盒外加装塑料袋密封,防止灰尘和湿气的影响。

(三)使用、移动磁带、磁盘要谨慎

使用、移动磁盘时,不要用手触及磁盘裸露部分,不要挤压、弯曲盘片,要保持磁盘清洁。装卸、搬运磁带应遵从有关操作规定,手持磁带中心部分,避免碰到磁带边缘,不能硬推硬挤磁带。

(四)盘带应定期检查,定期清洁和定期复制

磁带存到一定的时间,就需将磁带内容复制到新磁带上。对旧磁带要确保及时清除其数据和消磁。已损坏的盘带要确保及时销毁。盘带必须复制两三个备份,备份盘带和原盘带应异地存放。

(五)要特别注意防止计算机病毒的侵袭

归档的磁盘都必须经过检查,确认没有病毒后保管,定期检查计算机系统,如有病毒应及时清除。

案例分析 >>>

案例一

R(中国)贸易公司在自身发展的历程中,经济实力日益增强。公司十分注重学习、借鉴国外同行经验,积极引进国外先进技术和管理人才,先后与国外多家贸易公司建立了友好合作关系。为了适应经济全球化和知识经济时代的挑战,增强公司的国际竞争能力,近几年公司还聘请国外著名专业顾问公司担任专业管理顾问,借以提高自身经营管理水平,实现国际一流综合贸易集团的发展目标。展望新世纪,R(中国)贸易公司将继续勇于开拓、锐意创新,强化公司

的各项经营管理,提升公司的核心竞争力。

为响应总公司号召,R(中国)贸易公司沈阳市分公司决定从2019年6月1日起开展"扎实基础、提升品质、促进沈阳市分公司持续快速发展"活动。主要活动是主题演讲会和合理化建议征文。各部门和各分支机构必须在2019年7月28日前上报活动开展情况。按照活动方案要求:演讲会每月一个主题,全体员工必须积极参与;合理化建议活动全体员工必须参与,每月评选出3篇优秀征文上报;按期上报活动组织和进行情况。

假若你是R(中国)贸易公司沈阳市分公司办公室秘书,2019年5月10日总经理将你叫到办公室,对你说明了这次活动的目的、要求,让你马上写一份通知,发到沈阳市分公司各部门和各分支机构,告知有关活动事项。你用记事本将总经理的话记录下来,回到自己办公室,立即开始拟写通知。请演示领导交拟和秘书撰写通知的过程。

案例二

情景描述:秘书办公室。

李总:小王,你帮我找一下上个月T公司来我们公司时双方谈判的会议记录。

小王:好的。我马上送过去。

(过了好久,王秘书也没找到,她与小胡两人一起找,还是没找到。)

(李总打来电话):小王,怎么回事,这么慢?

小王:对不起,李总,我忘记放哪儿了……

李总:这怎么行? 你事后未归档吗?

小王:我记不清了……

李总:这些档案是很有用的,难道你不清楚吗? 我现在要和对方谈具体问题,没有凭据岂不麻烦?

小胡:看看这个是不是?

小王:是了,哎呀,李总,找到了! 在我的办公台下压着呢!

李总:赶紧送过来,以后要多学学如何管理档案方面的知识!

小王受到了李总的批评,对档案工作开始留意起来。一天,她发现办公室文件柜底部有一幅字,打开一看,是一位名人为本公司所题,但小王知道这位名人后来在政治上犯了错误,且已不在人世。

请问:这幅字到底该如何处理? 说出理由。

本章小结

本章讲述了秘书的文书工作和秘书的档案工作等内容。重点介绍了档案管理工作、发文处理、收文处理、文书整理归档的基本原则、档案工作的基本内容、档案工作的基本原则、档案工作的性质、电子文件等概念和基础知识。

复习思考题

1. 发文的处理程序是什么?
2. 收文的处理程序是什么?
3. 机关文件材料的归档范围是什么?
4. 请阐述档案工作的基本内容。

项目实训

一、实训目标

通过档案的整理工作,使学生掌握档案立卷的方法,包括归档文件的分类、案卷标题的拟写、卷内文件的排序和编号、卷内目录的填写、案卷的装订方法。

二、实训背景

你是S公司的办公室秘书,兼管该公司的档案工作。现在要对该公司有保存价值的部分文件进行整理。

三、实训内容

1. 进行文件的分类。
2. 进行卷内文件的整理。

四、实训要求

(一) 完成文件的分类

1. 熟练掌握企业文件分类的方法。
2. 训练任务应在一课时内完成。
3. 在秘书实训室或学校的档案室完成。
4. 为学生提供计算机、网络、打印机。
5. 学生要独立完成拟定立卷类目工作并根据立卷类目进行分类。

(二) 完成卷内文件的整理工作

1. 熟练掌握卷内文件的整理流程。
2. 正确填写卷内文件目录、卷内备考表、案卷封面。

3. 训练任务在一课时内完成。

4. 为学生提供计算机、网络、打印机、各种表格、档案卷皮、文具用品(装订机、装订针和线、号码机、号码印章、印泥、书夹子等)。

本章实训任务以学生提交的实物成果为评价标准。

第七章　秘书的会务工作

本章提要

会议是企业实施管理活动的重要形式之一,秘书的会议事务工作在发挥会议职能、推进全局工作上有着重要的作用。本章阐述了会议的概念、要素、种类等基本常识,并对会前的筹备工作、会间的组织服务工作、会议的善后处理工作进行了系统的介绍。同时,强化了相关会议文本的具体写作要求,设计了会务工作技能技巧综合应用的实例项目。

本章学习目标

- 掌握会务工作的基本常识
- 了解会前筹备工作体系
- 掌握会间的组织与服务内容
- 能够完成会议的善后处理

第七章 秘书的会务工作

第一节 会务工作概述

引导案例 7-1

会务和会务工作的基本知识

一、秘书会务工作

"会"就是聚会、会合,"议"就是商议、讨论,会议就是把人们组织起来讨论和研究问题的一种形式。

根据《现代汉语词典》的解释,"会议"一词有两种含义:一是指有组织有领导地商议事情的集会,如公司例会等;二是指一种经常商讨并处理重要事务的常设机构或组织,如中国人民政治协商会议、董事会等。秘书的会议事务工作指的是第一种含义。

"会务",从字面上讲,是"会议事务"的简称,它包括会议的会前筹备、会中服务和会后落实等工作。任何一次会议的召开,会务工作都可按其工作性质和事务主体的不同分为两类,即会议政务和会议事务。会议政务主要由会议的领导者和组织者完成和处理,是实现会议既定目标和完成会议任务的主体性工作。会议事务主要由协助者或服务者完成和处理,即由秘书人员完成和处理。基于以上认识,秘书的会务工作即秘书在会议中从事的对会议政务的辅助工作和会议事务工作,包括会前的筹备、会中服务以及会后落实等会议全程的辅助性工作。

二、会议的构成要素

(一)会议名称

根据会议的主题,确定会议名称。一个完整的会议名称一般由四部分组成:会议主办单位或会议范围、会议的时间或届别、会议的主题或内容以及会议的类型。在实际工作中有的是可以被省略的,要求突出主题,简单明了,比如"总经理办公会议""人力资源专业分析会"。

（二）会议时间

办会工作人员要根据会议目的、客观条件等因素选择适当的时间和会期,包括通知开会的时间、会议开始时间、会议结束时间、每项议程时间。

（三）会议地点

办会工作人员要根据会议的性质、参会人数、会议成本选择举办会议的具体地点,并在会议通知中写明,如"南港大学彗星楼12层小会议室"。

（四）会议参加者

会议参加者包括会议的主持人、会务组织人员、出席者、列席者或者因讨论具体事项而特别要参会的人员。要规定参与人员资格,适当控制会议人数。

（五）会议议题和议程

会议的议题包括会议的主要议题和其他要上会讨论的问题。会议的议程是会议讨论解决议题的程序。

（六）会议的形式

会议的形式指会议进行的具体方式方法由会议内容确定,如会场会议、电视会议、现场会议、网络会议。

（七）会议的文书

会议的文书包括书面会议通知、会议申报材料以及提交会议审议批准的文件等书面材料。

（八）会议的结果

会议的结果是指会议形成的结论、具体议题的解决办法、确定的承办部门以及具体落实步骤等等。

三、会议的种类

会议的种类可以依据不同的标准分为多种类型。

（一）按照会议的规模划分

（1）特大型会议,一般指万人左右到十万人、几十万人直至百万人参加的会议,如国庆庆典大会、奥运会等。

（2）大型会议,一般指千人到数千人至万人参加的会议,如大学校庆、焰火晚会、人民代表大会等。

（3）中型会议,一般指百人左右到数百人至千人参加的会议,如春节团拜会、表彰大会、经验交流会等。

（4）小型会议，一般指数十人至近百人不等的会议，如各种办公会、座谈会等。

（5）微型会议，指十人以下参加的会议，如小组会、班组会、领导碰头会等。

（二）按照会议召开的时间划分

（1）定期会议，指按照一定的时间间隔或一定的循环周期固定召开的会议，亦称例会，如办公例会、企业年会等。

（2）不定期会议，指根据组织开展工作的需要，随时要召开的会议，如防汛紧急会、抗灾紧急会、临时研讨会等。

（三）按照会议的性质划分

按照会议的性质，可以把会议分为党的会议、行政会议、群众团体会议、行业性专门会议等。

（四）按照会议的目的划分

按照会议的目的，可以把会议分为工作会议、表彰会议、交流会议、庆典会议、研讨会议等。

（五）按照会议的方式划分

按照会议的方式，可以把会议分为普通会议和在一定的电子设备的支持下召开的本地或异地的电子会议，如电话会议、电视会议、网络会议等。

会议是一种十分广泛的社会活动方式，给它分类还可以从其他角度和侧面进行。按照与会者的身份和国籍，可把会议分为国内会议和国际会议；按与会者国别或与会各方的数量，可将会议分为双边会议和多边会议；按会议议题所涉及的领域来划分，可将会议分为经济性会议、政治性会议、军事性会议、文化性会议等。应该十分明确的一点是，尽管我们已经提供了许多的分类标准，划分出许多的会议类型，但分类始终不是目的。对于秘书人员而言，它的意义就在于可以根据不同类型的会议的特点，有针对性地做好会务工作。会议目标的实现，会议成果的取得是由诸多因素决定的，其中十分重要的一方面因素就是会务工作开展与完成的情况，它既包括领导者与组织者的政务工作完成和处理得如何，也包括秘书人员的事务工作做得如何，我们讨论的重点是后者。秘书会议事务工作的繁简，与会议的规模、级别、议题的重要程度直接相关，一般而言，会议的规模越大、级别越高、议题越重要，会务工作也就越多、越繁杂。根据秘书工作的实际情况，我们着重研究一般小型的工作例会和大型不定期的会议中秘书的会议事务工作。

第二节　会前筹备工作

引导案例 7-2

会议之前,需筹备的工作有哪些?

一、明确会议内容

（一）确定会议议题

会议所要讨论的核心内容即为议题。大中型会议的议题,由会议领导机关或领导人提出;代表大会的议题,需通过法定程序确定;日常性会议的议题,由分管某项工作的领导人提出。会前要确定明确的会议议题,一次会议的主要议题不宜过多。秘书要提早收集议题并进行筛选分类,安排会议所要研究或解决的议题内容,拟制并提议解决这些议题中暴露出来的问题的方案,以供领导决断。

（二）确定会议名称

会议名称的基本作用在于揭示会议的内容、性质、范围等重要特征。一般来说要根据会议议题来确定会议名称,这样既便于会议通知、会场布置、会议记录,也便于会议的宣传报道等。

（三）确定会议时间

会议时间即会议起止时限,也就是"会期"。会议时间要根据会议议题而定,要力求紧凑科学,避免耗时费财。

（四）确定与会人员

与会人员也称会议出席人。一般要根据会议的性质、议题和任务,确定与会人员的范围、资格、条件、人数。与会人员的总人数直接影响会议的规模和成本,因此应当从会议的实际需要出发,本着不宽不严的原则,切实确定。

（五）选择会议地点

当组织一项活动或会议时,必须选择和预订合适的会议地点。会议地点的选择应当远近适当、大小适中、设备齐全、场地安静、租金合理、停车方便。会议地点是否适合取决于会议的目的、规格、规模、预算、活动模式、所需设施及交通通信等许多因素。

二、制定会前文件

（一）制定会议议程

会议议程是指会议对所要讨论研究议题前后顺序进行安排的具体议事程序。它经常与会议通知一起发出。会议议程需要按习惯顺序、公司章程、会议的性质或会议的轻重缓急，科学地统筹安排。

（二）制定会议日程

会议日程是结合会议议程对会议期间的所有活动做具体的时间安排，以保证会议的正常进行。它不仅包括细化围绕会议议题的全部活动，还包括会议过程中其他的辅助活动，如参观、考察、娱乐等。

（三）制定会议程序

会议程序是指一次会议活动中按时间先后排列的详细工作步骤，它可以让与会者了解每次会议的内容和具体的时间顺序，同时也是会议主持人掌握会议的操作依据。

（四）编制会议方案

会议方案是为召开一次会议所做的整体安排与设计。会议议程要明确会议主题与议题，确定会议名称、会议议程、会议日程、会议时间、参会人员、所需文件；明确会议机构和会上分工（主持人、报告人、演讲人、讨论发言人、总结人等），选择会场、安排会议食宿，确定会议经费预算等。会议方案要报请主管领导批准后方可执行。

（五）完成会议通知

会议通知是传达要求相关单位或个人周知召开有关会议的文本。会议通知有书面、口头、电话、传真、电子邮件、广播、报纸、电视媒体等多种方式。会议通知多采用书面和电话两种形式，以书面形式为主。

通知的内容都应写清会议的名称、目的、议题、会期、与会人员、报到日期和地点、交通路线、个人携带的材料和支付的费用、主办单位、联系人姓名和电话等。如有必要，通知中应注明发信人姓名、地址和电话，并为被邀请人印好回执，以便被邀请人能够在接到会议通知后，迅速将能否如期参加会议并就通知中有关事项做出答复。发送会议通知要做到及时、准确，防止重发、错发、漏发。必要时，在通知发出之后以电话方式同与会人员联系，落实对方是否收到通知，是否与会等项内容。

例文 1

××大学出版社
关于召开高等教育教材编前会的通知

_____同志:

为贯彻教育部的最新精神和有关部署,配合高等教育教学改革,我社决定启动新版高等教育重点专业主干课程教材的开发与出版工作。经过有关专家初评和各相关学校推荐,我社决定聘请您为××××专业《××××》教材的编写人员。请务必拨冗与会。

具体事宜如下:
1. 会议内容:(略)
2. 与会要求:(略)
3. 会议时间:2019年3月26—27日,26日报到,27日开会
4. 会议地点:××大学新闻中心。乘车路线(略)
5. 会务组电话:(略),传真:(略)
6. 其他:会务费、食宿费、交通费

××大学出版社(章)
2019年3月6日

以下回执请于3月22日前传真至会务组(收)。传真号(略)或者直接电话通知会务组。

参会回执

姓名	性别	单位	返程日期	车船飞机票	编写人员

单位: 联系人: 电话:

例文 2 便函式会议通知格式

会议通知

拟定于3月28日(星期四)上午10:00在综合楼三楼小会议室由王总经理主持召开销售工作会议,讨论下半年销售工作计划,请各部门经理准时参加。

C集团总经理办公室
2019年3月24日

例文3　带回执会议通知格式

×××会议通知

_____先生（同志）：

兹定于2019年5月10日至12日在××省××市，召开×××会议，特请您出席会议。

一、会议内容

1. ……

2. ……

二、会议时间

2019年5月10日至5月12日。

三、会议地点

××省××市××酒店

四、与会人员

1. ……

2. ……

五、报到时间与地点

2019年5月9日：××市××路×××号×××酒店（宾馆）。

六、与会人员每人缴纳会务费××元。食宿由大会统一安排，住宿费每人每天××元。

七、与会人员请事先将抵达本市的车次、航班和时间通知会务秘书处，以便接站。

八、接到本通知后，请填妥回执，于4月10日前寄达会务组。

会务组地址：××省××市××路×××号

联系人：×××　　　　　　邮编：××××××

电话：××××××　　　　邮箱：××××××

特此通知

××公司（公章）
2019年3月29日

参会回执

姓名	性别	民族	年龄	职务	单位	电话	邮箱	到会行程	返程安排

此回执请务必于2019年4月10日前寄达会务组。

（六）制发会议请柬（邀请函）

请柬,是邀请其他团体或个人前来参加会议、活动、宴请等各种事项的凭证性书信。公关性质的会议或涉外会议通知,宜用精美的请柬。

1. 请柬的特点

第一,礼节性强:请柬注重装帧,而且必须使用书面语,有时采用文言词语。它使邀请显得正式、郑重,也突出了活动的重要性和档次。

第二,文字简约:请柬只要写清举办活动的名称、时间、地点以及表示邀请的话语即可。

请柬有多种形式。档次、规格较高的活动,多使用庄重雅致、印制精美的请柬、请帖(例文4);档次、规格一般的活动,多用较为简便平易的邀请函、邀请书或普发式请柬(例文5)。

2. 请柬的结构与写法

请柬的结构是:标题＋称谓＋正文＋署名＋日期。

第一,标题。

请柬的标题一般只写文种,即只写"请柬"或"邀请函"。

第二,称谓。

专发式请柬有明确的受文对象,称谓按书信格式,居左顶格书写(例文4)。为表示恭敬,有时可在前面加"尊敬的""尊贵的"等敬语。

普发式请柬没有固定受文对象,而是在一定范围内分送,故一般不写称谓(例文5)。

第三,正文。

请柬正文的结构是:引语＋时间＋地点＋活动名称＋尾语。

（1）引语:请柬的引语只是两三个字,即"定于""兹定于""现定于"等(例文4)。

（2）时间:活动的日期、时间和会期。活动举办的时间要完整地写清年、月、日、时,便于参加者准时前往。

（3）地点:活动举办的地点一定要明确。如果是小型活动,人数较少,还要写清"×楼×号房间"等具体地点。

（4）活动名称:活动的名称要写完整,有时要交代邀请谁和谁邀请他们,是否提供正餐或饮料等。

（5）尾语:请柬的尾语都是邀请语,如"敬请光临""欢迎届时光临"等。尾语如果提行另起,含有更为恭敬的意思。需要时注明地图、关于回复的要求和旅行安排。

第四,署名(落款):请柬要按书信的格式,在正文之下另起一行居右署名。

署名要完整。如果是个人署名,要写明职务或身份。

第五,日期:日期写在署名之下。

3. 制作和发送请柬或邀请函的注意事项

第一,请柬或邀请函应该留出充足的时间发送,以使人们能将该项活动输入他们的日志中。

第二,请柬或邀请函的样式、打印类型和纸张将取决于活动的类型。请柬内容可以打印在带有公司标志的卡片上,也可以以信件的方式呈现。活动越重要,花在昂贵的卡片和打印上的费用越多。

第三,应该保留所有发送请柬的人员名单,回复的要做记录,以便提供参加活动的准确人数。这在必须供应餐饮时特别重要。

例文 4

请　柬

尊敬的××集团董事长×××女士/先生:

　　兹定于 2019 年 4 月 10 日上午 10 时在辽宁大学沈北新区校址举行教学实训基地开工奠基典礼。敬请届时光临。

辽宁大学
2019 年 3 月 15 日

例文 5

请　柬

　　第五届现代工业产品展销会将于 2019 年 2 月 19—21 日在国际展览中心举办,欢迎莅临指导。

　　展览时间为每天 8:30—16:30。

辽宁省工业局
2019 年 2 月 15 日

例文 6　邀请函

公司新产品的销售展示

　　销售主管邀请所有员工参加公司新产品的展示会。这是一次难得的好机会,你能看到将于近期在商店中出售的新产品。

本次展示将于6月6日星期四下午1:00在公司食堂进行,中午12:00提供自助餐。

销售主管
2019年2月2日

三、准备会议用品

(一)制作会议证件

会议证件既是与会者身份和权利的象征,又是会议管理的一项手段。凭证出入既便于统计人数,又便于会议安全。

会议证件主要有代表证(包括正式、列席、旁听、来宾)、选举证、电子签到证、工作证、记者证、就餐证等不同类型。在设计上,会议证件常选择红、黄、蓝、白等不同颜色区分正式、列席、特邀嘉宾以及工作人员等与会者的不同身份。样式主要有黏性标签、系带卡片、带夹子的卡片等,可以委托相应公司制作。应该在接待区让代表得到姓名卡片。应该在桌上准备好相关人员的放置式姓名卡片,以便对号入座。总的原则是,既要精美大方,又要有纪念意义。

(二)准备会议用品

为方便会议进行,工作人员应为会议准备各种工作文具用品。常用物品有:纸、笔、本、签到簿、横幅、标语、花卉、会标、台布、照明设备、音影设备、复印机等。不同会议会有不同的需求,一些特殊的设备在布置安排会场时也必须有所准备,如现代电子会议所需的大屏幕、投影仪、传输设备、音译设备、电脑数据库等。秘书人员要及时落实大会发言稿、讨论文件材料的打印、校对、装订工作。可以列出会议用品明细表,做好登记,以免遗漏。

四、布置会议场地

(一)会场布局

重视会场布局,必须仔细计划会议参加者就座的安排。座位安排应该使所有代表能清楚地看到演讲人和音像辅助设备传输的图像以及清晰地听到声音,应该给全部代表提供充足的座位。不同的会场布局体现不同的会议主题风格和意义效果,适用于不同的会议目的。会场座位布局大体上有三种形式:礼堂式(正式式)、全围式(董事室式)、分散式(非正式就餐式)。

礼堂式会场

全围式会场

分散式会场

图7-1 会场座位布局

日常办公会、小型座谈会宜采用全围的圆形、椭圆形、长方形、正方形、T形、回字形、U形等布局模式,以使所有参加者都能参与讨论。座位卡用于表示人们就座的位置。最高者居中,然后按政务活动先左后右,商务活动先右后左,由前至后的就座的礼仪排列。

U形会场

回字形会场

图7-2 小型会议座位布局

大中型较正式会议宜采用礼堂式、山字形、半圆形等布局模式,在前面给演讲者准备一张讲台或办公桌,观众按排坐,面向演讲者。这些布局模式适合于讲演和展示。讲台可以提高成舞台或平台(以使人们更容易看到演讲者)并提供麦克风。这样比较正规,容易形成严肃庄重的会议气氛。

大型茶话会、团拜会、宴会可采用分散式布局模式,既在一定程度上突出主桌的地位和作用,也给与会者提供了多个谈话、交流中心,使会议气氛轻松和谐。座位卡用于表示人们该坐在哪里,注意遵守座位礼仪。

(二)会场装饰

不同会议对会场的气氛要求不一样,布置会场要体现会议的主题。

一般小型会议、常规例会,会议室只要清洁明亮,设施完好,用品齐全就行了,不必作特殊布置。大型会议因为内容性质不同,对会场气氛的要求不同,会场布置则比较复杂。

会场气氛主要通过会标、会徽、画像、旗帜、标语、花卉、灯光、窗帘、台布等物品的装饰烘托出来。不同的色彩与色调能使人产生不同的心理感受,布置会场要考虑整体色彩与色调和会议的气氛和谐。

五、沟通会议信息

(一)与演讲者联系

秘书应该保证所有办会或参会人员在会前得到所有与之相关的信息,以保证各项会务工作的有序、顺畅开展。会前与演讲者应该确定下列信息。

(1)演讲的细节。演讲者应该在会前给出演讲的主题、面向的听众及演讲所需时长。必要时,要求演讲者提供讲话的概要或摘要。

(2)费用支付。一些演讲者要求支付费用,这取决于活动的类型和演讲者的作用。如需支付费用,应该查核预算中此项支出的核定数额;超支达一定程度,要提前报批。

(3)旅行和住宿。对于外埠及本地演讲者可能发生的交通及住宿费用,应该明确由谁支付。

(4)音像辅助。演讲者可能需要展示音像、PPT或幻灯片,所以秘书应该与演讲者提前沟通、确认,提供相应的多媒体设备,以保证演讲的效果。

(5)演讲者的信息。演讲者须由主席介绍给大家。秘书人员要在会前收集整理演讲者的信息,提供给主席。

(6)打印的信息或讲义。事先应询问演讲者,是否要提供打印的信息材料和讲义。演讲者可能自己提供这些材料,有时也会请办会人员协助制作讲义。

（二）与参加者、来宾和代表沟通

会议通知发出后，办会人员应统计好通过各种方式表达参会意愿的人员名单。该名单应该得到活动组织者的确认，以便于安排座位和餐饮。秘书应与所有参加会议或活动的人员沟通下列信息。

（1）会议安排。具体包括：会议的时间、地点、内容、目的等；参会者在会议中的确切角色，会前需要为此做的准备；需要带到会议上的信息和所提供的材料。

（2）饮食要求。如果提供食物和点心饮料，应该了解代表的饮食要求，并通知置备食物的人员。常需备有的特定食物是素食或糖尿病人的饮食，有时也有其他健康方面或宗教方面的饮食要求。

（3）残疾设施。可能有代表是残疾人，需要特殊的设施。在预订会议地点的时候，应该检查这类辅助设施是否可用，如轮椅和助听器等。

（4）着装规范。一些活动可能需要特殊的着装要求，特别是有些社交活动。着装规范应在请柬中明确指出，否则参会者会受到会议工作人员的质询。

（5）交通细节。应该提供给所有参加者关于公共交通位置地图的信息和停车信息。

（三）与主席沟通

主席在会议上起特殊的作用，是组织会议的人和最终负责对所有会务工作进行安排的人。秘书在会务工作中，通常需要与主席密切联络，以保证工作的顺畅。

在会议之前，可能进行许多次讨论，以保证所有安排满足要求。在开始的筹备期，需要讨论的内容包括：代表名单、会议的时间和日期、选择的会议地点、程序、议程草稿、请柬、信息和需要的会议资料、初定的演讲者和涉及的工作人员。接着进行会议协调，以确定和最终决定所有上述安排。最终的汇报包含所有的情况和最后的安排。

通常秘书还要为参加会议的主席准备一种特殊格式的议程。这种格式的议程给主席提供一些关键信息，也使他在会议期间能做记录。

（四）与新闻单位沟通

重要的、大型的会议要做好新闻发布工作，完成新闻报道的任务。秘书处负责邀请报社、电台、电视台等有关人员，做好对会议和会议代表的采访、录像和新闻宣传工作；组织好新闻发布会，向有关新闻媒体发布会议消息；为召开记者招待会的领导提供有效的信息资料。

六、开展会前检查

（一）会前检查的内容

会前应该不断向会议地点的主管提供有关活动情况的新信息，应该使其收到书面的预订单、定金、参加人数以及点心饮料要求等的最终确认。会议的当天,在代表到达之前,应该进行最后的检查。

检查的主要内容有:会场的光线、温度、通风和卫生情况;为与会者准备的必要文具用品(如铅笔、便笺、记录纸等)是否齐备;会议所使用的设备(如录音、录像、投影仪等)是否调试到位,电源是否接通,所用影音是否完整;为与会者提供的饮料和生活用具是否周全、符合卫生要求等。

在活动开始的时候,应该告知所有代表安全出口的位置,并设置明显的指示牌;应该检查会议地点接待处,以保证工作人员知道它的位置;应该有布告布置在接待区,清楚标出活动的具体位置。也有必要检查活动所需的手册和宣传单是否提供了备份,以防有未料到的代表出席。

(二)检查会议地点的方法

(1)亲自检查。查看所有的设施是否符合会议要求。

(2)由其他管理人员代为检查。当本人不方便访问较远的会议地点时,可采用此方法,但要就此次会议对场地、设备的要求与代为检查的工作人员进行充分沟通。

(3)从曾经用过的客户处得到对会议地点的评价和推荐。

(4)检查旅游设施等级和本地商务指南。宾馆的级别是代表会议规格的一项硬性指标,办会人员要根据会议要求选择合适的会议地点,在保证会议规格的同时控制办会成本。

如果公司经常使用同一会议地点举行活动,请去过会议地点的工作人员对其各方面的条件做出优点和不足的反馈,并在文件夹中保留这些意见将来作为参考。当观察会议地点时,可填写检查表。还未包含的内容也可以补充到检查表中,这取决于会议地点的类型和活动想要达到的目的。

表7-1　会议场所检查表

会议场所检查列表

会议场所名称＿＿＿＿＿＿＿＿＿＿　　日期＿＿＿＿＿＿＿＿

地址＿＿＿＿＿＿＿＿＿＿　　电话号码＿＿＿＿＿＿＿＿

联系人姓名

住宿——房间号

会议室的号码和大小

会场的座位设施

住宿的房间数和类型

(续表)

标准	好	一般	差	意见
交通方便程度				
停车				
安全性				
电信联络				
装修和外观				
清洁程度				
卫生间设施				
食品和茶点				
音响辅助设备				
工作人员表现				
服务水平				
供暖照明空调住宿设施				
休闲设施				
其他可用设施				

第三节 会间组织与服务

引导案例 7-3

秘书做好会间组织与服务"四要素"

会议期间是秘书工作最活跃的阶段,秘书的工作能力受到全面的考验。这时秘书工作的中心任务是掌握会议动态,协助上司指挥与控制,并通过精心的组织和良好的服务,使会议达到预定目标。

一、组织会议签到

这是与会人员参会的第一个环节,签到的目的是保证会议顺利、安全地召开。同时,便于统计到会人数。签到的方式有以下几种。

（一）簿式签到

与会人员在签到簿上签名，表示到会。这种方式便于保存原始签到记录，但容易在会场形成拥挤现象。

（二）卡片签到

事先发给代表签到卡片，只要代表在上面签上自己的名字，进入会场时把它交出，便可以进入会场。签到卡的另一种形式是，用固定号码代替与会人员的姓名。

（三）电子签到机

代表进入会场，把签到卡插入签到机，签到机立即将姓名、号码传到中心，并把签到卡退还给代表。入场完毕，签到情况立即在荧光屏上显示出来。

（四）会务组划到

小型会议不必发签到证，可由会议工作人员持会议人员名单，实到会议的人划掉其姓名，便携迅速。

签到完毕，秘书人员要填写会议出席情况报告表，包括会议名称、届次、日期、应到人数、缺席人数、实到人数等内容，在会议正式开始前报告会议主持人。

签到处还应该准备相关材料，通常有姓名卡片、钢笔、代表名单、代表登记册，备用的程序、议程，关于会议地点、停车和房间位置等信息，会议印刷品、备用品、本地信息、城镇平面图、出租车公司、联系电话、出席人员填写表、反馈评估表等等。

表7-2　会议签到单

会议签到单（一）

来宾姓名	职务	单位	电话	地址	邮编

会议签到单（二）

会议名称	
时间	
地点	
出席单位	签名

二、监控会议进程

(一)会议关键节点的服务

(1)报到。验证,确认参会资格。登记,采集信息。报到处会务人员接收会议材料,验查使用。分发文件,介绍会务项目,收会务费用。

(2)开会。保证代表顺利出席,引导进入会场,有组织地进行会议,提供材料和点心饮料,安排会议照相录像。协助领导安排好发言和发言秩序。

(3)休息。与关键人员对照会议计划,保证按程序进行;处理代表停车、就餐、娱乐等查询,并联络安排。核对与会人员名单与通信地址联络方式的表格,用于编制大会名录。

(二)会议期间发生意外事情的处理

想要防止干扰会议的问题发生,就需要制定意外事件处理预案,以应对会议过程中的突发事件、紧急事件。

以下五个方面最有可能出现的问题。

(1)场地。因为其他的紧急安排,预定的会议场地无法按时提供。处理预案:大型会议的场地出现意外,最难处理。因为会议通知已经发出,参会人员已经汇集过去了,很难再择一个会议地点。因此,在选择会议场地时,一定要选择有信誉的地方,降低出现意外的可能性。一旦出现意外,要能及时提供备选场地或是备选日程安排。

(2)人员。会议的重要嘉宾、主持人、演讲人、发言人等,可能会因为患病或有其他要事而无法出席会议。处理预案:为会议的每个重要角色预备后备人选;开会之前与他们联系好,确保无缺席情况发生;及时调整会议日程。例如增加提问时间,以应对某个发言人的缺席。

(3)会议资料。因为打印设备的故障而无法按时按量提供会议资料,或是其他原因无法将会议资料送达会场。处理预案:要事先了解好会场附近能够提供打印资料的场所;会议主办方要携带原始稿件,以便及时复印;确实无法解决,要及时向参会人员说明,并确保会后将资料提供给大家。

(4)音像辅助设备。音像辅助设备较易出现故障。处理预案:在会前要检查好音像辅助设备的状况,保证设备正常运转;要安排好维修人员,以便解决随时可能出现的意外状况,如有必要,须准备好备用设备。

(5)其他意外情况。会议主办方要有领导负责并组织专门人员处理其他意外情况的发生。确保会议如期正常进行。

（三）会议进程的协助控制

会议进行期间，秘书应协助会议组织者按照会议计划的要求落实会议议程。要收集各种反映，及时了解会议的动态，掌握会议的进展情况。对与会者的意见、要求和建议，要尽快了解详情，做到心中有数，及时向领导汇报，以便采取相应的措施，妥善处理突发性事件，使会议顺利进行。同时，也要迅速传达领导对会议的意见和其他相关要求，以保证会议达到预期效果。

三、做好会议记录

会议记录是会议进程原始真实的反映，应做到真实客观、快速准确。必要时，可采用辅助录音、速记和多人记录等手段。会议记录是立卷归档的重要材料，用笔用纸应符合档案要求。

（一）会议记录的概念

会议记录，是随着会议的实际进程记录下来的原始情况和具体内容。在日常工作中，会议记录应逢会必记，并妥善保存，以备查考。会议记录一般不上报，不下发。

（二）会议记录的特点

1. 客观原始

会议记录是会议实际进程最客观、最直接的反映。记录者如实记录与会者的发言和现场情况，会后不加整理和归纳。

2. 完整详尽

会议记录要完整地体现会议的有关情况，如名称、时间、地点、参会人员、主持者、记录者等，尽量详细地记录发言内容和现场情况（如鼓掌、争吵等）。

（三）会议记录的类型

会议记录可从不同的角度分为不同的类型。

按会议的周期可分为例会（定期会议）记录、非例会（非定期会议）记录。

按会议的内容可分为工作会议记录、现场办公会议记录、座谈会记录、表彰（批评）会记录。

按形式可分为摘要记录、详细记录。摘要记录，不必有言即录，只记发言的重点和会议的结论、决定，但不能遗漏发言的主要内容，更不能歪曲发言者的愿意；详细记录，要求有言必录，力求准确、完整，包括发言中的插话。详细记录一般用速记，或利用录音设备，会后再根据录音整理会议记录。详细记录适用于特别重要的会议。

(四)会议记录的结构与写法

会议记录的结构是：标题+会议组织情况+会议主体内容。

1. 标题

会议记录的标题比较简单，结构是：会议名称+记录，如《××公司×年×月×日第×次部门经理例会记录》。

2. 会议组织情况

在会议记录的开头部分，要分项完整记录会议的有关情况，包括时间、地点、主持者、出席者、缺席者、列席者、记录者。

(1)时间。写明开会的年、月、日，及×时到×时，或写明上午、下午。

(2)地点。写明开会的具体地点，如"××会议室""××宾馆×号房间"。

(3)主持者。写明主持会议者的姓名、职务。

(4)出席者。应写明出席会议人员的姓名、职务，或到会人员是什么级别以上。大型会议则记录在主席台或前排就座的人员姓名、职务，或记录到会总人数。

(5)缺席者。应写明缺席人员的姓名、职务及缺席原因。大型会议可记录缺席总人数。

(6)列席者。写明列席人员的姓名、职务。

(7)记录者。写明记录者的姓名、职务。大型会议可有多人记录。

为方便记录，还可印制专用的会议记录纸，将以上各项制成表格备用。

3. 会议主体内容

这是会议记录的核心部分，要写明会议议题、讨论发言、形成的决议及主持人总结性发言记录。结尾另行空两格写"散会"。右下方，由会议主持人、记录人签名，以示负责。

会议记录一开始就要写明会议议题。如有多个议题，也在开头一并写明。发言包括主持人的开场白、领导的报告、与会者的发言、会议结语以及现场情况等。记录发言要尽可能详尽，特别是重要观点、分歧意见或表决情况等，不能有疏漏。摘要记录要记下会议的主要精神和重点事项。

记录会议发言是一项需要培养和锻炼的能力，记录者必须书写流畅，善于归纳，才能跟得上发言者的速度，准确记录会议信息。

四、编写会议简报

会议简报是会议期间为反映会议进展情况、会议发言中的意见和建议、会议议决事项等内容而编写的简报，是会议交流性和指导性文件。它密切配合会议内容,在编写时,要简明、真实、快速、准确。一般要求当天整理,当天发出,最迟第二天发出。

(一) 会议简报的形式

1. 报道式

选取会议中有价值的内容编成简短的消息,反映会议全局或局部进展情况。

2. 转发式

将重要的、有代表性的言论或观点摘录出来,可以是启发性的发言、倡议、意见、某个专题的各种观点等,引起与会人员思考。

(二) 会议简报的结构与写法

会议简报的格式为:报头＋报核＋报尾。格式示例如下。

例文7

密级××

××会议简报
第××期

××××编　　　　　　　　　　　　　　　××××年×月×日

按语:××。

××××标题

导语:××××××××××××××××××××。
主体:×××。
结尾:×××××××××××××××××××××××××××××××××××××。
送:×××、×××

　　　　　　　　　　　　　　　　　　　　(共印××份)

1. 报头

报头设在第一页的上方,约占三分之一的版面,下边用横线与正文分开。报头部分包括简报名称、秘密等级、期号、编印单位和印发日期。

2. 报核

报核包括按语、标题、导语、主体和结尾。

按语又称编者按,一般根据领导机构的意图起草,用以说明编发简报的目的,或对文中所列事项进行评价,以引起注意和重视。按语可分为说明转发原因和目的的说明性按语、提示内容的重点的提示性按语和对发言发表意见表明态度的评述性按语。按语的字体、字号要与正文明显区别。

标题用新闻式写法,揭示主题,简短醒目。

导语即开头,概括性地说明会议的时间、地点、意义及主旨内容。常用叙述式或结论点题式写法。

主体承接开头,用充分的、典型的、真实的材料和数据把导语的内容具体化。

结尾归纳概括,或提出希望、号召。有时可以省略。

3. 报尾

报尾在简报最后一页下部,用横线与报核分开。居左写明发送范围,间隔横线下居右在括号内注明共印多少份。

第四节　会议的善后处理

引导案例 7-4

秘书如何做好会议善后处理

一、会后事务工作

(一)安排与会者离会

会议结束时,抓紧与会议代表结算清理账目,及时将代购的返程票送到他们手中,并做好送站工作,使与会者及时踏上归程。对需要暂时留住的会议代表,应帮助安排好食宿。

(二)清理会议现场

会议结束之后,秘书人员要抓紧时间清理会场。对有关物品、设备进行清点。借用租赁设备物品及时归还,保持会场原貌备用。对代表遗忘的物品,应尽快与失主取得联系,及早送还。

(三)整理会议档案

对会议产生的正式文件(如决定、决议、计划、报告等)、材料(包括照片、磁带、票证、簿册、光碟等)、报刊上的有关报道等进行分类,连同会议方案、会议通知、会议日程、会议议程、会议记录、会议简报、会议发言稿、会议总结和其他参阅文件,一并作为完善的卷宗归入档案。

(四)总结会务工作

为了积累经验,在大中型会议或重要会议结束后,秘书人员要及时回顾和检查会议组织情况,总结工作经验,以激励下属为目的,总结会议目标的实现情况。将员工的个人总结和集体总结相结合,肯定成绩,找出存在的问题,写出会议总结或小结材料,为今后召开同类会议积累经验。总结的形式主要有座谈会、表彰会等。

(五)落实会议决议

会议结束后,秘书人员应对会议决定的事宜,通过催办、督查加以落实,做到件件有回音。催办的方式有口头、电话、书面三种。

二、会后文字工作

(一)清理会议文件

及时下发会议收集清退文件材料目录。在会议结束时,对机密以上应当回收的文件材料,在代表离会前要及时地、一份不少地清点回收;对会议中形成的大量文件进行整理;对需存档的文件及时立卷汇编成册;整理会议记录。

(二)起草会议汇报材料

某些重要会议议定的问题须经上级批准的,要在会后写出汇报材料,请上级批准执行。

(三)编写会议纪要

1. 会议纪要的概念

会议纪要是记载、传达会议情况和议定事项的公文。这是重要会议结束后的一项重要的文字工作,具有通报情况、指导工作和便于日后查考的作用。会议纪要是根据包括会议记录、会议材料在内的会议文件提炼综合而成。内容主要是记述会议概况、基本经验和会议讨论、决定的重大问题等。其目的是完整、准确地传达、执行会议决定,使会议决定的事项得以具体落实。它既可以作为上行文报告会议精神,也可以作为下行文指导工作,还可以平行使用。会议纪要的印发范围,应根据会议的性质和纪要的内容来确定。

2. 会议纪要的特点

（1）纪实性。

会议纪要是对会议内容及与会单位所达成的共识的记载和反映，这是我们认识会议纪要的基点。无中生有、断章取义、迎合领导的意图是会议纪要之大忌。

（2）提要性。

会议纪要的内容显然不是会议的全部情况，会议纪要与会议记录最本质的区别就在于"要"字上。会议纪要须提炼会议要点，总结会议情况，概括会议精神，不能有闻必录、有事必记。

（3）指导性。

会议纪要的议定事项一经下发，便有了指导性的特点，要求与会机关和相关单位必须遵照执行。

3. 会议纪要的结构与写法

会议纪要的结构是：标题＋成文日期＋正文。

（1）标题。

单式标题：会议名称＋文种，如《辽宁经济管理干部学院培训工作会议纪要》，这种写法最常见。

事由＋文种，如《关于新产品开发工作的会议纪要》。

机关＋事由＋文种，如《高等教育公共管理教学指导委员会2019年专业研讨会议纪要》。

复式标题：其正标题一般概括会议内容或精神，副标题常常表明会议名称和文种。如：

工学结合，打造精品
——高等教育教学工作者座谈会议纪要
论网络文学的文学观
——新时期文学研究会学术讨论会议纪要

（2）成文日期。有如下两种形式。

一是写于标题下。如属会议通过的纪要，应注明通过日期，形式是：××××年×月×日××××会议通过。

二是写于文末，同于一般行政公文。

（3）正文。

正文的构成是：会议概况＋会议事项＋尾语。

① 会议概况。本部分要求简明扼要地介绍会议的基本面貌。一是写明会议的主要内容,包括会议名称、会议议题等。二是写明会议的组织情况,包括会议日期(或起止期)、地点、主持人(或主持单位)、会议程序、与会人、领导同志参加会议的情况。

除了以上要素外,还可以书写发文缘由,如阐述会议意义,介绍会议召开的依据和背景,以及对会议的评价等。

会议概况部分宜简短,注意不要与会议事项内容重复,其目的只是使人们对会议总的情况有个了解。会议纪要的惯用语有"召开了""总结交流了""讨论了""研究部署了""通过了""命名表彰了""介绍了"等。

② 会议事项。本部分是全文的主体,正是会议纪要之"要"处。要求陈述会议的主要精神、讨论的具体问题、交流的经验、提出的意见、领导的指示、今后的任务与决定事项等。

写作本部分的最大难点,就是结构问题。为了将材料表述清楚,人们经常采用惯用语和得体的表达方式来组织材料。

第一,以惯用语切分组织材料。在会议纪要中,人们常常采用惯用语切分组织材料,如在说明会议总体情况时常用"会议听取了""会议介绍了""会议讨论了"等;在介绍领导同志讲话时常用"××同志指出""××同志强调""××同志强调指出"等;在阐述会议精神时常用:"会议认为""会议指出""会议提出"等;在宣告会议决定事项时常用"会议通过了""会议决定""会议商定""会议要求"等。

一些内容较多、篇幅较长的会议纪要,常将惯用语列于段首,以区分层次,表述问题。如"会议认为""会议强调""会议决定"等。

第二,以叙述方式切分组织材料。在会议纪要中,常用的叙述方式有三种,分别是概述式、条款式和发言式。概述式是将会议事项部分用概括叙述的方式,一一道来。这种"道"的顺序,或按逻辑顺序,或按会议进行程序排列。

条款式是将会议事项部分用条列项的方式,依次叙述。它将主体内容切割为几大方面或几大问题,以序号或标题为层次,表述这几大方面或几大问题。如内容多,还可在序号或标题下增加下一级序号或小标题。

发言式是将具有典型意义的报告或发言提炼出来,逐次叙述。这种写法适用于领导人发言谈话的会议,以便与会单位贯彻执行上级指示;适用于多部门负责人的座谈会、专题研讨会等，以便与会单位分头履行职责，或作检查、备考依据。

③ 尾语。会议纪要的尾语有三种形式。

第一种是提出希望、号召。尾语常用的惯用语有"会议希望""会议呼吁""会议号召"等。

第二种是对会议评价或向会议主持单位致谢等。

第三种为秃尾。

会议纪要的结构（含正文的叙述方式和惯用语）见表7-3。

表7-3　会议纪要结构

标题			
成文日期			
正文	概述式	条款式	发言式
会议概况			
会议事项	会议听取了 会议讨论了 会议认为 会议指出 会议通过了 会议决定了	一、××× 会议讨论了 二、××× 会议认为 三、×××× 会议决定	会议听取了 会议讨论了 ××同志指出 ××同志强调 ××同志强调指出 会议同意
尾语	会议呼吁 会议号召	会议希望 会议号召	会议恳切呼吁 会议希望

三、会后评估工作

从组织会议的关键人员、参加者和会议代表处收集、分析和评估关于会议的反馈信息。反馈信息应该包括会议管理、会议地点和会议内容方面的情况，可正式或非正式地进行收集。非正式反馈经常发生在会议期间，例如代表可能提到他们对会议地点的喜欢程度或对会议报告的意见，这些都应该记录下来。会议代表处在活动结束时可请代表填写评估表格，收集正式的反馈。这些表应该放在代表的材料袋中，告知会议管理人员请代表在会议结束的时候完成填写，并清楚告诉各位代表留下评估表格。活动结束时工作人员应该检查代表评估表是否填写并交回。正式反馈也可以从会议结束后代表们的书面材料中获得，例如由代表写的表扬或批评的信件。所有反馈来源应该收集在一起并进行分析，最后由工作人员、代表和组织者写出关于活动的意见和反馈备忘录。

（一）设计评估表

评估表格通常设计成问卷的形式。表格设计的质量将影响反馈数据的质量。设计时应该考虑下列因素。

（1）表格的长度。表格过长很难完成，表格过短无法提供充足的数据。

（2）填写的难易程度。复杂的表格会降低完成的可能性。

（3）所问的问题。确定表格的目的和要收集的信息，突出针对性。

（4）问卷的方式。使用开放式的或封闭式的问题。用在方框中打钩来回答封闭问题的方式较容易和能快速填写。填写开放的问题需较长时间，它要求代表考虑对会议的意见，提出他们反馈的原因。

（二）设计调查表

调查表能设计成封闭式的或开放式的回答。封闭式的回答通过下列方式获得。

1. 是/否回答

(1)您能清楚地看到音像展示报告吗？是/否

(2)活动符合它事先声明的目标吗？是/否

2. 级差回答

(1)您如何评价展示报告的内容？1234（其中1是"优秀"，4是"差"）

(2)您如何评价餐饮的质量？1234（其中1是"优秀"，4是"差"）

(3)您如何评价演讲者的报告？1234（其中1是"优秀"，4是"差"）

这种类型问题的选项应设为偶数个，因为人们倾向于选择奇数的中间数字来回答，而偶数个数字的分数迫使人们做出价值判断。

3. 事实性回答

事实性回答调查表能用于收集有关代表的信息，例如：

(1)年龄段　20岁以下（　）　20—39岁（　）　40—59岁（　）　60岁或以上（　）

(2)在所代表的组织类型旁边打钩。

学校或学院（　）培训组织（　）私营公司（　）本地政府机构（　）

4. 综合性回答

会议地点的位置适合本次活动吗？是/否

如果否，请给出理由 _____。

（三）设计评估内容

评估表格应该覆盖管理、会议地点和活动的内容，并根据会议的类型决定所问的确切问题。

1. 会议的管理

对会议的管理工作给出您的回答：

（1为"优秀",2为"良好",3为"较好",4为"差"）

会议方案1234　报到过程1234

会议费用1234　离会安排1234

2. 会议的地点

对下列会议地点提供的设施给出您的回答：

（1为"优秀",2为"良好",3为"较好",4为"差"）

会址1234　住宿条件1234

会议室布置1234　休闲设施1234

3. 会议的内容

（1）会议的内容符合会议既定目标吗？是/否

如果否,给出原因_____。

（2）培训活动满足您的培训需要吗？是/否

如果否,给出原因_____。

（3）研讨发言表述的主题您满意吗？是/否

如果否,给出原因_____。

（四）提出改进建议

1. 严格控制会议

控制会议的次数和长短是提高会议质量的有效手段。非开不可的会才开,并要做好充分的准备,把握会议节奏,精简会议程序,讲求实效。

2. 改进开会方式

利用先进的技术设备,采用电子政务的方式,召开电话会议、电视会议等,可以克服传统会议的时间紧、场所限制、人员集中、资料准备工作紧张、交通不便等困难,有效提高会议效率。

3. 强化会议落实

会后即全面收兵,使会议精神的落实不了了之,没有反馈、没有督察,会议的效力难以达到。要实现会议的预期目标,就要及时督促贯彻落实会议决策,有效发挥会议职能。

案例分析　>>>

大洋集团新产品推介会即将开始,总经理秘书初萌正站在会议大厅的入口处,她一边在做会议召开前的最后检查,一边等待嘉宾的到来。她发现主席台上放置的名签有问题,一位董事因故不能前来,名签却没有撤掉,而另一位嘉宾刚刚来电话说正在赶来,名签还未准备好。这时她的手机又响了,原来接电视台记者的汽车在路上抛锚了,重新安排来不及了。这时会议秘书组的人员来报,宣传材料不太够。此时嘉宾已陆续到来。①

请问:这些问题产生的原因是什么?秘书应如何逐项解决?同时,请你提出有效避免这些问题的方法。

本章小结

本章讲述了会务工作概述、会前筹备工作、会间组织与服务和会议的善后处理等内容。要做好秘书的会务工作,首先要明确会议的要素,形成清晰的会务工作思路。在会前筹备工作中明确会议内容、准备会议用品、布置会议场地、沟通会议信息要周到,开展会前检查要精细。会务工作各阶段的相关会议文本的写作要符合规范,充分展示秘书的专业实力。会议过程的监控、会后事务的处理要有条不紊,体现秘书的组织控制能力。要重视对会议的评估,不断提高秘书会务工作的水平。

复习思考题

1. 会议的要素有哪些?
2. 秘书在会议筹备工作阶段应做哪些工作?
3. 你认为会议的议程和程序有何区别?
4. 会议方案包括哪些内容?
5. 会间秘书最重要的工作有哪些?
6. 会议评估的有效方法是什么?
7. 会议纪要与会议记录有何区别?
8. 分析常见的会议病,并就提高会议效率提出你的解决方案。

项目实训一

一、实训目标

依据会务工作要求,通过模拟实训,要求学生全面掌握办会的基本程序和

---

① 改编自张金英:《办公事务实训》,上海财经大学出版社2006年版,第127页。

综合技能。

二、实训背景

辽宁经济职业技术学院公共管理系拟在2019年7月20日举行"2019届文秘专业毕业生就业工作研讨会"。

参会人员有:就业指导专家、用人单位代表、2019级文秘专业毕业生、公共管理系教师、招生就业处工作人员、学生处工作人员、其他年级学生代表等。

会议内容是:安排招生就业处处长做毕业生就业指导工作说明,请就业指导专家做就业应聘技巧的报告,邀请往届毕业生做择业就业经验介绍,讨论如何做好本届文秘专业毕业生就业自荐和互助工作。

三、实训内容

要求依据上述内容,为《2019届文秘专业毕业生就业工作研讨会》起草一份会议方案,向有择业就业经验的往届毕业生发出请柬,做一个会议地点的检查列表,设计会议姓名卡片,列出会议接待处应准备的材料,制定一份会议代表注册登记表,设计会议调查表和评估表。

四、实训要求

1. 本实训任务可以在文秘实训室完成,要求学生每人一台电脑,并配备卡片纸张。

2. 参照教学内容,根据背景资料,结合会务工作的具体要求,进行严谨的实际演练,并按照要求完成相应的实训任务。

3. 设计完成各项实训内容,须将文字和表格录入计算机,按照规定的排版格式进行排版。

4. 全部实训任务应在三课时内完成。

5. 实训任务完成后,学生必须参加实训成果汇报。汇报后,先由学生之间互评,接着由教师进行点评,最后教师根据学生实训任务完成情况,并结合学生成果汇报时的表现综合评分。

项目实训二

一、实训目标

通过实训,要求学生全面掌握带回执的会议通知的写作方法。

二、实训背景

受中国高等职业教育秘书学会的委托,辽宁经济管理干部学院拟于2019年8月20日上午9:00,在沈阳市棋盘山鸿宇山庄组织召开中国高职教秘书学会辽宁分会的成立大会。会议将邀请中国高职教秘书学会的全体会员及各地职业院校文秘专业负责人参加。

三、实训内容

如果你是该主办单位会务组的秘书,请根据实训背景,设计并制作一份带回执的会议通知。

四、实训要求

1. 本实训任务可以在文秘实训室完成,要求学生每人一台电脑。实训室配备打印输出设备。

2. 参照教学内容,根据背景资料,结合带回执通知的基本要素格式等进行实际演练,并按照要求完成相应的实训任务。要求带回执的会议通知写作格式正确、规范,要素齐全。

3. 设计完成的带回执的会议通知,须将文字和表格录入计算机,按照规定的排版格式进行排版。

4. 全部实训任务应在一课时内完成。

5. 实训任务完成后,学生必须参加实训成果汇报。汇报后,先由学生之间互评,接着由教师进行点评,最后教师根据学生实训任务完成情况,并结合学生成果汇报时的表现综合评分。

项目实训三

一、实训目标

通过实训,要求学生全面掌握做会议记录及编发会议简报的技能。

二、实训背景

2019年6月28日上午9:00,在D集团北京总部中心会议室,集团总经理李明主持召开D集团全国分公司销售经理会议。会上,上海和沈阳公司的代表分别介绍了销售工作中的经验,集团财务总监赵大伟通报了上半年各分公司的工作业绩。会议深入研讨了当前的销售形势,制定出新的销售策略,明确了下半年的工作目标。

三、实训内容

请根据实训背景,完成此次会议的记录,并编发会议简报。

四、实训要求

1. 本实训任务可以在多媒体教室完成,要求学生观看模拟会议录像。

2. 参照教学内容,根据背景资料,结合会议记录、会议简报的写作常识,进行实际演练,完成两项实训任务。

3. 设计完成的写作文本,要求格式正确、行文规范、要素齐全。

4. 全部实训任务应在两课时内完成。

5. 实训任务完成后,学生上交两个写作文本,教师进行点评,给出实训综合成绩。

项目实训四

一、实训目标

通过实训,要求学生掌握会议善后处理工作的各个环节,并能够在现实中有效运用。

二、实训背景

经过三天的会议、参观和考察,江海公司2019年度客户联谊暨2020年订货会圆满结束。若你是会务组秘书,请你列出正确引导与会人员离场,合理安排工作人员清理会场,整理文件、资料归档立卷的工作思路。

三、实训内容

请根据实训背景,分组讨论,完成此次会议善后处理工作的思路设计。

四、实训要求

1. 本实训要求学生在了解会议全过程的基础上,完成相关任务(教师可选择确定)。

2. 参照教学内容,根据背景资料,结合会议善后处理工作的各项要求,完成教师确定的相应实训任务。

3. 其中的写作文本,要求必须按照规定的排版格式进行排版,符合规范要求。

4. 全部实训任务应在三课时内完成。

5. 实训任务完成后,学生必须参加实训成果汇报。汇报后,先由学生之间互评,接着由教师进行点评,最后教师根据学生实训任务完成情况,并结合学生成果汇报时的表现综合评分。

第八章 秘书职业准入制度

本章提要

随着我国社会经济的迅猛发展以及与国际社会的全方位接轨,秘书职业化已成为必然的趋势。各组织在选任秘书工作人员时也越来越规范和严格,为此秘书专业的学生要想提高在校期间的学习效率,把握学习方向,完成自己的职业生涯设计,必须了解秘书职业的准入制度。

**本章学习目标**

- 掌握秘书应聘与面试的要求
- 掌握秘书职业资格鉴定的要求

第一节 秘书岗位的应聘

引导案例8-1

我准备参加秘书岗位的应聘,需要注意什么?

一、收集招聘信息

秘书专业的学生在开始专业知识学习之初即要向着职业人的标准努力,培养职业素养,进行入职准备。通过各种途径收集各类型组织文秘工作岗位的招聘信息,不失为一条准确把握职业动态的捷径。同学们可以通过如下一些途径查询秘书工作岗位的招聘要求。

（一）各大型求职招聘网站

随着互联网络的迅猛发展与广泛应用,网上求职与招聘已成为用工双方的一个重要的互动平台。同学们可以通过浏览一些大型、正规、专业的求职招聘网站来收集同本专业所对应的各个工作岗位的招聘信息,用以指导专业学习和职业准备的方向。

（二）各级各类人才市场

人才市场在我国的人力资源配置中起着重要作用,其中容纳着大量各专业岗位的用工信息。同学们可以利用业余时间走进人才市场,感受一下那里的求职招聘氛围,增强自己学习的紧迫感和目标性。

（三）学校就业指导部门

各学校都设有就业指导部门为同学们提供就业服务。就业指导部门会对来学校接洽的用工单位进行严格的审查,对用工信息进行把关和分类发布,同学们应珍惜和充分利用这个资源。

（四）电视、广播等媒体

目前,许多电视台都设有招聘求职类的节目,不但可以发布用工信息,而且可以帮助同学们了解更多的求职技巧,是很好的学习途径。

（五）实习单位

同学们在校期间都会有一段时间的顶岗实习,在实际工作情境中更能真切地了解用人单位对员工的要求,查找自己知识和技能方面的不足。若实习单位有用工需求,同学们也可以凭借实习机会为自己争取到就业机会。

二、知晓任职条件

表8-1、8-2、8-3为几个与秘书岗位有关的任职条件。

表 8-1　部门秘书任职条件

部 门 秘 书

×××股价有限公司
公司行业:通信(设备运营增值服务)计算机软件
公司类型:民营
公司规模:1000—9999 人

职位类别:行政/后勤/文秘	发布日期:2019-03-05
工作地点:北京	最低学历:本科
工作经验:1—3 年	工作性质:全职
管理经验:否	
招聘人数:若干	

职位描述/要求:

职位描述:
1. 行政事务管理;
2. 财务报销与管理;
3. 资产管理;
4. 部门人事招聘与变动管理。

任职要求:
1. 熟练掌握人事变动管理;部门员工入职、离职、转正、调动等相关变动手续办理;
2. 网上招聘信息的维护与管理、面试安排,保证部门招聘工作顺利开展;
3. 部门员工借款、各种报销情况处理,尽量保证报销畅通;
4. 财务相关制度学习传达、督促员工遵照执行;
5. 按要求按月上报部门正式、实习、外包员工考勤。

表 8-2　总经理助理任职条件

总 经 理 助 理

北京市××知识产权代理有限公司
公司行业:咨询/管理/法律/财会/通信(设备/运营/增值服务)仪器仪表及工业自动化大型设备/机电设备/重工业
公司类型:民营
公司规模:少于 20 人

职位类别:行政/后勤/文秘	
工作地点:北京市丰台区	发布日期:2019-03-05
工作经验:1—3 年	最低学历:本科
管理经验:否	工作性质:全职
招聘人数:若干	

（续表）

职位描述/要求：
职位描述：
1. 协助总经理参与重要的商务活动、商务谈判等工作；
2. 协助总经理处理公司业务以及日常工作；
3. 配合总经理处理外部公共关系；
4. 协助总经理制作工作方案、计划等；
5. 完成总经理交代的其他各项工作。

任职要求：
1. 精通办公软件，有 2 年以上工作经验；
2. 大专及以上学历，普通话流利；
3. 责任心、事业心强，能承受工作压力，具有良好的执行能力；
4. 有良好的逻辑思维能力和分析判断能力，具有较强的书面及口头表达能力；
5. 团队协作能力佳，具备良好的沟通协调能力和较强的统筹协调能力；
6. 管理、营销、文秘专业优先。

表 8-3　某秘书岗位职责与任职条件

某部门秘书

岗位描述：
1. 负责本部门文件的接收与发放；
2. 接听本部门的电话；
3. 部门文件的打印、归档。

任职要求：
1. 文秘或相关专业，大专以上学历；
2. 熟练使用 Word、Excel、PPT、Photoshop 等办公软件；
3. 有良好的服务意识，熟练使用电脑、传真机、复印机、打印机等各种办公设备；
4. 具有良好的沟通交往能力，精通各种礼仪常识，掌握基本的电话礼仪和商务礼仪。

从以上三个招聘信息中写明的秘书岗位的任职条件可以看出，用人单位除对秘书岗位工作人员的学历、能力提出了较为具体的要求外，还对秘书岗位工作人员的职业道德和职业素养提出了要求。此外，因为秘书是各行各业中各个职能部门均需要的工作岗位，所以同学们还要储备与入职行业相关的背景知识。

三、准备求职材料

一般来说，求职材料包括个人自荐书或求职信、学校推荐表、个人简历和其他需要准备的材料。

（一）个人自荐书或求职信

个人自荐书或求职信，是毕业生在收集需要的信息后有目的地向用人单位做的自我介绍。它是针对特定单位或特定岗位而写的，主要表述求职者的主观愿望和特长，以求吸引招聘者的注意力，取得面试机会。求职信在求职过程中作用重大，是求职者自我推销、展示自己公关能力的重要一环。

自荐书或求职信的格式和一般书信大致相同，包括称呼、正文、结尾、落款。开头要写明用人单位人事部门领导，如"某单位负责同志：您好"等字样；正文中要表达自己热切希望有一个面试的机会，最后写明自己的学校、通信联系地址、姓名和时间；结尾写上"祝工作顺利"等祝愿的话。

自荐书或求职信的主要内容应包括自己具有用人单位所需要的哪些条件、才能及自己对工作的态度。具体地讲大致有以下几个方面：简单的自我介绍，包括姓名、性别、出生年月、政治面貌、学历、毕业院校、所学专业、特长爱好、主要优缺点等。简述自己对该单位感兴趣的原因。说明自己期望能在该单位供职。表明自己乐意同将来的同事合作，并愿意为事业而贡献自己的一份力量。

自荐书或求职信应注意以下几点：态度诚恳，措辞得当；着眼现实，有针对性；实事求是，言之有物；富有个性，不落俗套；言简意赅，字迹工整。

（二）学校推荐表

学校推荐表是应届毕业生在毕业前，由学校向用人单位推荐毕业生的书面材料。推荐表一般与学生证、身份证一起使用。毕业生推荐表由招生就业办统一印发，经学校签署意见并由学校审查盖章。它是用人单位了解、考察、选拔和录用毕业生的重要依据，也是学校向用人单位推荐、介绍毕业生的基本材料。

（三）个人简历

个人简历是求职者给招聘单位发的一份简要介绍。其内容包括以下几个方面。

1. 个人基本情况

包括姓名、年龄（出生年月）、性别、籍贯、民族、最高学历、政治面貌、毕业学校、专业等。

2. 教育背景

主要是个人从高中阶段至就业前所获最高学历阶段之间的经历，从哪一年到哪一年在哪所学校就读，应该前后年月相接，将最近的学习经历写在最上面，接下来以此相推。

3. 学习经历、外语和计算机应用水平

主要列出大学阶段的主修、辅修与选修科目及成绩，尤其是要体现与谋求的职位有关的教育科目、专业知识、外语和计算机应用水平。不必面面俱到,要突出重点,有针对性。使你的学历、知识结构让用人单位感到与其招聘条件相吻合。

4. 个人的实践和成果获奖情况

这是个人简历中很重要的一部分内容。用人单位普遍看重个人能力与工作经验,所以求职者一定要用心研究填写。主要突出大学阶段所担任的社会工作、职务及获得的各种奖励,从事各种兼职工作、实习和社会实践的内容与成果。如果你兼职的单位是比较大或优秀的企业,一定要在简历中注明,因为在一个大企业里工作,你会收获很多,得到许多锻炼,这也是用人单位很看重的。对于有过工作经历的研究生,突出自己在原工作岗位上的业绩也是非常重要的。

5. 个人特长及性格评价

这种介绍要恰如其分,尽可能使你的专长、兴趣、性格与你所谋求的职业特点、要求相吻合。必要时可以注明自己勤奋肯干,如有需要,愿意服从加班安排,让用人单位能感到你的诚恳。事实上,"本人的学习经历""本人的实践、工作经历"同样能印证个人能力、性格,因此,前后一定要相互照应。

6. 求职意向

这也就是你愿意从事的职业,一定要简短清晰。在这里需要说明的是,每份简历都是根据你所申请的职位来设计的,要突出你在这个方面的优点,不能把自己说成是一个全才,任何职位都适合。不要只准备一份简历,要根据工作性质有侧重地表现自己,如果一家单位有两个职位都适合你,可以向该单位同时投两份简历。

7. 联系方式与备注

同上面所要突出的内容一样,一定要清楚地表明怎样才能找到你,区号、电话号码、手机、E-mail、地址等,要一应俱全。我们有的毕业生喜欢频繁地变换联系方式,在用人单位需要和你取得联系的关键时候,往往无法迅速找到你,用人单位遗憾的同时,恐怕最遗憾的应该是求职者。

最后讲一下写简历应该注意的几个问题。一是简历不要太长,在文字、排版、格式等方面切记不可出现错误。二是简历措辞要简捷、准确、朴素,不要过于华丽。三是简历中不要提对薪水的要求,这样做很冒险。如果薪水要求太高,会让企业感到用不起你;如果要求太低,会让企业觉得你无足轻重。对于刚出校门的大学生来说,第一份工作的薪水并不重要,不要在这方面费太多脑筋。四是简历中不要含有水分,一定要客观真实,绝对不可胡编乱造。

对于简历你也许有自己独特的表达方式,比如你有一手清秀隽永的好字,那么你手写下自己的简历自然会取得不俗的效果。如果你应聘的是有关设计制作方面的工作,你能制作精美的图片,那也不妨露一手。总之,要将自己的优点淋漓尽致地展现出来,但要含蓄些,切不可过于张扬。

(四)其他需要准备的材料

在用人单位规定的求职材料外,同学们还要准备如下一些材料:由学校教务部门出具的盖有学校或教务处公章的制式成绩单;技能证书(复印件或扫描件);荣誉证书(复印件或扫描件);学术或科研成果证明材料;各类获奖证书尤其是各种奖学金证书(复印件或扫描件);其他有关专长、爱好的证明材料;毕业证书和学位证书;身份证、一寸和两寸证件照片(电子版照片),有的用人单位要应聘者的个人生活照一张,洗出来,随其他材料一起寄过去。

以上材料建议装订成册,并进行简要分类,做好目录,便于用人单位查阅。

四、接受现场考核

用人单位通过对书面求职材料的筛选会选出一部分符合初审任职条件的应聘人员参加现场笔试、面试和实际操作测试环节的现场考核。对于这三部分考核的准备,则要把功夫用在日常专业学习与职业素养养成的点点滴滴之中。

第二节 秘书职业资格认证

引导案例8-2

帮你了解国家秘书职业资格证书

职业资格证书制度是国家劳动就业制度的一项重要内容,是指按照国家制度的标准或任职资格条件,通过政府认定的考核鉴定机构,对劳动者的专业知识和技能水平或职业资格,进行客观公正、科学规范的评价和认定,对合格者颁发相应的国家职业资格证书的政策规定和实施办法。为规范专业技术人力资源管理,规范各组织用工行为,国家已经在各行业实行了"劳动准入制度"。

我国目前进行的秘书职业资格鉴定形式主要有:国家秘书职业资格证书考试、剑桥秘书证书考试、IAAP(国际职业秘书协会)秘书资格考试、LCCIEB(伦敦工商总会考试局)秘书证书考试。

一、国家秘书职业资格考试

人力资源和社会保障部要求秘书职业资格鉴定按照统一教材、统一命题、统一考务管理和证书管理的质量控制、统一鉴定的原则进行,为用人单位挑选合格人才提供客观标准,为规范秘书培训和促进就业服务。

(一)申报条件

1. 五级秘书

具备以下条件之一者即可报名。

(1)连续从事本职业工作1年以上。

(2)具有中等职业学校本专业(职业)或相关专业毕业证书。

(3)经本职业五级正规培训达规定标准学时数,并取得结业证书。

2. 四级秘书

具备以下条件之一者即可报名。

(1)连续从事本职业工作3年以上。

(2)连续从事本职业工作2年以上,经本职业四级正规培训规定达标准学时数,并取得结业证书。

(3)取得本职业五级职业资格证书后,连续从事本职业工作2年以上。

(4)取得本职业五级职业资格证书后,连续从事本职业工作1年以上,经本职业四级正规培训达规定标准学时数,并取得结业证书。

3. 三级秘书

具备以下条件之一者即可报名。

(1)连续从事本职业工作6年以上。

(2)具有以高级技能为培养目标的技工学校、技师学院和职业技术学院本专业或相关专业毕业证书。

(3)取得本职业四级职业资格证书后,连续从事本职业工作4年以上。

(4)取得本职业四级职业资格证书后,连续从事本职业工作3年以上,经本职业三级正规培训达规定标准学时数,并取得结业证书。

(5)具有本专业或相关专业大学专科及以上学历证书。

(6)取得其他专业大学专科及以上学历证书后,连续从事本职业工作1年以上。

(7) 取得其他专业大学专科及以上学历证书后,经本职业三级正规培训达规定标准学时数,并取得结业证书。

4. 二级秘书

具备以下条件之一者即可报名。

(1) 连续从事本职业工作13年以上。

(2) 取得本职业三级职业资格证书后,连续从事本职业工作5年以上。

(3) 取得本职业三级职业资格证书后,连续从事本职业工作4年以上,经本职业二级正规培训达规定标准学时数,并取得结业证书。

(4) 取得本专业或相关专业大学本科学历证书后,连续从事本职业工作5年以上。

(5) 具有本专业或相关专业大学本科学历证书,取得本职业三级职业资格证书后,连续从事本职业工作4年以上。

(6) 具有本专业或相关专业大学本科学历证书,取得本职业三级职业资格证书后,连续从事本职业工作3年以上,经本职业二级正规培训达规定标准学时数,并取得结业证书。

(7) 取得硕士研究生及以上学历证书后,连续从事本职业工作2年以上。

(二) 考核内容

秘书职业考核以《秘书国家职业标准》和《秘书国家职业资格培训教程》为依据,包括职业道德、基础业务素质、案例分析、工作实务四项基本内容。涉外秘书增加了外语考核部分,秘书职业资格二级增加了业绩评估部分。

(三) 考核方式

(1) 书面应答。考生对标准化书面试卷上的问题在答题卡上作答,题型分为单选题、选择题二种题型。

(2) 情景模拟。考生根据所观看的情景录像,就书面问题进行笔答。

(3) 任务解决。考生对书面提出的工作任务进行书面回答。

(4) 综合测试。涉外秘书的英语考试包括听力题、选择题、写作题。

(5) 业绩评估。专家对考生提供的个人工作业绩记录进行综合评审。

二、剑桥办公管理国际证书考试

剑桥办公管理国际证书考试原名为剑桥秘书证书考试。它注重秘书职业不断变化的职能和实际工作环境所要求的各种技能,以及现代办公环境中不可或缺的信息技术的使用和高效的沟通能力的培养,充分代表了国际先进的教育理念。考试系统涵盖了信息技术与办公软件的使用、客户服务、组织技能和实践管理等众多领域的知识,突破了我国传统秘书只重文字拟写和处理的观念,在更为广泛的行政管理领域界定和对秘书的知识与能力提出了更高的要求。这使得通过该项考试系统培养和鉴定的人员具有更强的能力和适应性。

剑桥办公管理国际证书考试系统是一个科学的和个性化的教育测评模式。考试分为初级(一级)、中级(二级)和高级(三级)三个级别,采用模块化的学习方式进行,每个模块均由不同级别的核心课和选修课组成。学员根据自身情况既可选择单模块学习和考试,也可选择按级别学习和考试。

每个级别的核心课都是文字处理、沟通和项目管理、办公室管理,其中初级从速记、客户服务、信息与沟通技术、人际商务技巧、组织会议和活动这五门课中选修两门。初级、中级和高级的核心课程名称一样,但考试内容和要求不一样。核心课程全部采用闭卷笔试的形式,选修课程除速记、信息与沟通技术采用闭卷笔试外,其余采用作业考试形式。

剑桥办公管理国际证书考试每年开考两次,成绩合格者可以获得由教育部考试中心中英中心(SBC)和英国剑桥大学考试委员会(UCLES)联合签发的写实性证书,证书用中、英文两种文字书写。获得初级资格证书能满足就业准备的需要;中级资格证书能满足直接就业和继续深造的需要,使学员可以独立工作并能够处理各种变化的和非常规的任务;获得高级资格证书,意味着具有安排、指导工作的能力,能够履行初级管理工作,满足更高水平深造的需要。

剑桥大学考试委员会设计的职业证书考试已在世界上 160 多个国家开展,每年有 600 多万名学员参加考试。其科学性、合理性和实用性使它已成为世界范围内认可的国际性权威证书,它不仅标志着持证者具有一定的理论知识和操作能力,而且还是颇受用人单位赏识的就业通行证和上岗资格证。

三、LCCIEB(伦敦工商会考试局)秘书证书考试

LCCIEB 是英国"伦敦工商会考试局"的英文缩写,这是一家国际性的考试机构,在世界 90 个国家设有考试中心。它所颁发的证书在这些国家受到普遍承认,并在英联邦国家和东南亚享有"求职通行证"的美誉。LCCIEB 秘书证在英国最高有四级,我国目前只开考二级和三级。考试形式为笔试,全球统一命题、统一考试,我国考生也采用英文试卷。每年有四次考试,分别在 3、4、6 和 11 月举行。根据英方和教育部考试中心签署的协议,考务方面由教育部和各地教

育行政部门组织。该考试对报考人员没有资格限制,其证书在赴英国留学移民方面可作为申请条件之一。

四、IAAP(国际职业秘书协会)秘书资格考试

"国际职业秘书协会"简称 IAAP,成立于 1942 年,是世界著名的跨国性职业组织。原名"美国全国秘书协会",1981 年改为"国际职业秘书协会",总部设在美国密苏里州开普斯城。现有会员 4 万人,除美国的在职秘书外,其会员遍布欧、亚、拉美各洲 30 多个国家和地区。其宗旨是:作为秘书的代言机构,维护秘书的合法利益;通过连续教育,提高秘书人员的素质和水平;介绍最新技术,增强秘书人员的业务技能,提高秘书的职业地位。

IAAP 目前在北京和上海等城市已经设立了秘书资格考试培训点和考点。其报名资格为:高中毕业生有六年秘书从业经历,大学毕业生有共六年的大学学龄和秘书工龄,有学士学位者须满一年工作经验。考试科目包括企业法、企业行为科学、企业管理、人际学、秘书会计学、秘书技能、办公室秘书工作程序等。考试连续进行 12 小时。考试合格者获"特许职业秘书"资格(简称 CPS)。

五、秘书国家职业标准

《秘书国家职业标准》(2006 版),是目前全国执行的唯一版本。内容如下:

《秘书国家职业标准》(2006 版)

1. 职业概况

1.1 职业名称

秘书。

1.2 职业定义

从事办公室程序性工作、协助上司处理政务及日常事务并为决策及实施提供服务的人员。

1.3 职业等级

本职业共设四个等级,分别为:五级秘书(国家职业资格五级,原初级)、四级秘书(国家职业资格四级,原中级)、三级秘书(国家职业资格三级,原高级)、二级秘书(国家职业资格二级)。

1.4 职业环境

室内、室温。

1.5 职业能力特征

具备文字与语言沟通能力、综合协调与合作能力、逻辑思维与分析能力等。

1.6 基本文化程度

高中毕业(或同等学力)。

1.7 培训要求

1.7.1 培训期限

全日制职业学校教育,根据其培训目标和教学计划确定。晋级培训期限:五级秘书不少于220标准学时;四级秘书不少于200标准学时;三级秘书不少于200标准学时;二级秘书不少于150学时。

1.7.2 培训教师

应具有本职业2年以上培训经验。培训五级秘书、四级秘书的教师应具有三级秘书及以上的职业资格证书或相关专业中级及以上专业技术职务任职资格;培训三级秘书的教师应具有二级秘书职业资格证书或相关专业中级及以上专业技术职务任职资格;培训二级秘书的教师应具有二级秘书职业资格证书3年以上或相关专业高级专业技术职务任职资格。

1.7.3 培训场地设备

培训场地应具有可容纳20名以上学员的标准教室,并配备电视机、VCD机、录音机、录像机、摄像机、投影仪、计算机、打印机、复印机、传真机、碎纸机、光盘刻录机、数码相机、扫描仪等设备。

1.8 鉴定要求

1.8.1 适用对象

从事或准备从事本职业的人员。

1.8.2 申报条件

——五级秘书(具备以下条件之一者)

(1)连续从事本职业工作1年以上。

(2)具有中等职业学校本专业(职业)或相关专业毕业证书。

(3)经本职业五级正规培训达规定标准学时数,并取得结业证书。

——四级秘书(具备以下条件之一者)

(1)连续从事本职业工作3年以上。

(2)连续从事本职业工作2年以上,经本职业四级正规培训达规定标准学时数,并取得结业证书。

(3)取得本职业五级职业资格证书后,连续从事本职业工作2年以上。

(4)取得本职业五级职业资格证书后,连续从事本职业工作1年以上,经本职业四级正规培训达规定标准学时数,并取得结业证书。

——三级秘书(具备以下条件之一者)

(1) 连续从事本职业工作 6 年以上。

(2) 具有以高级技能为培养目标的技工学校、技师学院和职业技术学院本专业或相关专业毕业证书。

(3) 取得本职业四级职业资格证书后,连续从事本职业工作 4 年以上。

(4) 取得本职业四级职业资格证书后,连续从事本职业工作 3 年以上,经本职业三级正规培训达规定标准学时数,并取得结业证书。

(5) 具有本专业或相关专业大学专科及以上学历证书。

(6) 取得其他专业大学专科及以上学历证书后,连续从事本职业工作 1 年以上。

(7) 取得其他专业大学专科及以上学历证书后,经本职业三级正规培训达规定标准学时数,并取得结业证书。

——二级秘书(具备以下条件之一者)

(1) 连续从事本职业工作 13 年以上。

(2) 取得本职业三级职业资格证书后,连续从事本职业工作 5 年以上。

(3) 取得本职业三级职业资格证书后,连续从事本职业工作 4 年以上,经本职业二级正规培训达规定标准学时数,并取得结业证书。

(4) 取得本专业或相关专业大学本科学历证书后,连续从事本职业工作 5 年以上。

(5) 具有本专业或相关专业大学本科学历证书,取得本职业三级职业资格证书后,连续从事本职业工作 4 年以上。

(6) 具有本专业或相关专业大学本科学历证书,取得本职业三级职业资格证书后,连续从事本职业工作 3 年以上,经本职业二级正规培训达规定标准学时数,并取得结业证书。

(7) 取得硕士研究生及以上学历证书后,连续从事本职业工作 2 年以上。

1.8.3 鉴定方式

分为理论知识考试和专业能力考核,理论知识考试采用闭卷试笔试方式,专业能力考核采用笔试、录像等方式进行。理论知识考试和专业能力考核均实行百分制,成绩皆达 60 分及以上者为合格。二级秘书还须进行综合评审。涉外秘书加试秘书英语考试,秘书英语考试采用闭卷笔试方式,成绩达 60 分及以上者为合格。

1.8.4 考评人员与考生配比

理论知识考试、专业能力考核和秘书英语考试考评人员与考生配比为 1∶20,每个标准教室不少于 2 名考评人员;综合评审委员不少于 5 人。

1.8.5 鉴定时间

理论知识考试时间不少于90分钟;专业能力考核时间不少于120分钟;秘书英语考试时间不少于90分钟;综合评审时间不少于30分钟。

1.8.6 鉴定场所设备

理论知识考试和秘书英语考试在标准教室进行。专业能力考核在具有计算机、电视机、录音机、摄像机、VCD机和投影仪等设备的标准教室进行。

2. 基本要求

2.1 职业道德

2.1.1 职业道德基本知识

(1)职业道德概述及其价值。

(2)职业道德规范。

①文明礼貌。

②爱岗敬业。

③诚实守信。

④办事公道。

⑤勤劳节俭。

⑥遵纪守法。

⑦团结互助。

⑧开拓创新。

(3)《公民道德建设实施纲要》。

2.1.2 职业守则

(1)谦虚谨慎,文明礼貌。

(2)办事公道,热情服务。

(3)实事求是,讲究实效。

(4)兢兢业业,甘当无名英雄。

(5)忠于职守,自觉履行各项职责。

(6)钻研业务,掌握秘书工作各项技能。

(7)奉公守法,不假借上司名义以权谋私。

(8)树立承诺意识、时限意识、精准意识、保密意识、权责意识、服务意识。

2.2 基础知识

2.2.1 文书基础

(1)应用文书的概念与制发程序。

(2)应用文书的格式。

(3)应用文书的要素。

(4)应用文书的表达方式。

2.2.2　办公自动化知识

(1)计算机基础知识。

(2)Windows XP 操作系统应用基础。

(3)Word 2003 应用基础。

(4)Excel 2003 应用基础。

(5)PowerPoint 2003 应用基础。

(6)计算机网络应用基础。

2.2.3　沟通基础

(1)沟通的基本概念与内容。

(2)沟通的方法与技巧。

(3)横向沟通与纵向沟通。

2.2.4　速记基础

(1)速记概述。

(2)手写速记知识。

(3)计算机速记知识。

2.2.5　企业管理基础

(1)企业管理常识。

(2)企业文化知识。

(3)企业人事管理知识。

(4)企业公关关系知识。

(5)企业经营常识。

2.2.6　相关法律、法规知识

(1)《中华人民共和国公司法》相关知识。

(2)《中华人民共和国合同法》相关知识。

(3)《中华人民共和国反不正当竞争法》相关知识。

(4)《中华人民共和国劳动法》相关知识。

(5)《中华人民共和国知识产权法》相关知识。

(6)世界贸易组织法相关知识。

3.工作要求

本标准对国家职业资格五级秘书、四级秘书、三级秘书和二级秘书的能力要求依次递进,高级别涵盖低级别的要求。

3.1 五级秘书(原初级)

职业功能	工作内容	能力要求	相关知识
一、商业沟通	(一)商务礼仪	1.能够展示规范姿态和表情 2.能够得体着装 3.能够规范地介绍、握手、接递名片、问候及引导客人	1.仪容、仪表、仪态常识 2.职业着装常识 3.介绍、握手、使用名片、问候及引导客人的礼仪要求
	(二)接待	能够做好日常接待工作	日常接待工作的内容和程序
	(三)沟通	1.能够正确地倾听和有效地提问 2.能自信地提出要求和恰当拒绝 3.能与客户进行有效沟通	1.沟通的概念 2.客户的概念 3.有效沟通的七个原则
二、办公室事务和管理	(一)办公环境的维护和管理	1.能够维护责任区的工作条件,保持工作环境整洁 2.能够识别办公场所及常用设备的隐患	1.责任区工作环境的基本要求 2.常见办公场所及设备隐患
	(二)日常办公室事务	1.能够处理文件,收发邮件 2.能够正确接听、拨打电话及处理通话中出现的问题	1.文件处理及邮件收发的程序 2.电话机的功能和注意事项 3.电话沟通的方法
	(三)办公用品的发放和管理	1.能够使用常用办公用品 2.能够发放办公用品	1.常用办公用品的性能、规格和用途 2.办公用品发放程序
	(四)办公效率和时间管理	1.能够做好自己的日常工作并按时完成上司交办的工作 2.能够协调处理日常事务性工作	1.时间管理的基本方法 2.工作日志的编写方法 3.协调管理简单事务工作的方法
三、常用事务文书	常用事务文书的拟写	1.能够拟写简单事务文书 2.能够拟写礼仪文书:邀请信、感谢信、贺信、请柬	1.事务文书基本格式 2.邀请信、感谢信、贺信、请柬的写作要求

续表

职业功能	工作内容	能力要求	相关知识
四、会议与商务活动	（一）会议筹备	1. 能够按要求发送会议通知，制发会议证件，发放会议文件资料、用品 2. 能够预订会议室 3. 能够做好接站、报到工作 4. 能够做好签到及座位引导工作	1. 会议的构成要素和常见的会议种类 2. 会议通知、会议证件及会议资料的基本要求 3. 会议室预订知识 4. 会议接待工作程序
	（二）会议的善后工作	1. 能够安排与会人员返程 2. 能够清退会议文件资料 3. 能够整理会议室	1. 与会人员返程工作的注意事项 2. 清退会议文件资料的基本要求 3. 整理会议室的注意事项
	（三）商务活动	1. 能够做好会见与会谈的准备 2. 能够完成开放参观活动的准备，并做好接待	1. 会见与会谈准备工作的基本要求 2. 开放参观活动的准备内容与接待要求
	（四）商务旅行	能够完成出差旅行的一般准备工作	1. 常见的商务旅行类型 2. 旅行社服务项目
五、信息与档案	（一）信息管理	1. 能够分辨信息的种类 2. 能够准确地收集信息	1. 信息的基本知识 2. 信息收集的基本知识
	（二）档案收集	能够对文件资料等进行立卷归档	1. 档案的概念、作用和种类 2. 立卷归档的基本要求

3.2　四级秘书（原中级）

职业功能	工作内容	能力要求	相关知识
一、商务沟通	（一）接待	1. 能够区分接待对象，确认接待规格 2. 能够拟订接待计划	1. 区分接待规格的原则 2. 接待计划的基本要求
	（二）沟通	1. 能够实现双向沟通 2. 能够应对沟通中的冲突	1. 横向沟通基本知识 2. 纵向沟通基本知识 3. 冲突产生的原因

续表

职业功能	工作内容	能力要求	相关知识
二、办公室事务和管理	(一)办公环境的维护和管理	1. 能够进行安全检查及基本防范,并对办公室环境提出改进建议 2. 能够按要求做好保密工作	1. 办公区域建设及办公环境安全的基本要求 2. 保密工作措施
	(二)日常办公室事务	1. 能够安排值班工作,并编制值班表 2. 能够管理零用现金和履行报销的手续 3. 能够按规定进行文书处理 4. 能够管理印章及介绍信	1. 值班工作的内容及值班管理制度 2. 现金管理和报销的知识 3. 文书形成与文书处理的一般程序 4. 印章及介绍信的管理要求
	(三)办公用品的发放和管理	1. 能够办理办公设备和办公用品的进出手续 2. 能够进行库存管理	1. 办公设备和办公用品进出基本要求 2. 库存管理的基本知识
	(四)办公效率和时间管理	1. 能够编制工作时间表 2. 能够管理自己的工作日志 3. 能够根据上司要求,安排并管理上司的工作日志	1. 时间表的基本内容和要求 2. 工作日志的基本内容和要求
三、常用事务文书	常用事务文书的拟写	1. 能够拟写会议记录 2. 能够拟写双方或多方单位业务的合作意向书 3. 能够拟写商务文书(订货单、产品说明书) 4. 能够拟写简报	1. 会议记录的写作要求 2. 意向书的写作要求 3. 订货单、产品说明书的写作要求 4. 简报的写作要求
四、会议与商务活动	(一)会议筹备	1. 能够拟订会议议程、日程 2. 能够选择会议地点	1. 会议议程、日程的内容 2. 会议地点选择要求
	(二)会议中的服务	1. 能够做好会议记录 2. 能够做好会议中的信息沟通 3. 能够做好会议值班、保卫工作	1. 信息沟通的基本要求 2. 值班保卫工作内容
	(三)会议的善后工作	1. 能够做好会议文件资料的收集整理 2. 能够做好会议经费结算工作	1. 会议文件资料收集整理的要求 2. 会议经费结算的方法

续表

职业功能	工作内容	能力要求	相关知识
五、信息与档案	（四）商务活动	1. 能够拟订开放参观活动的方案 2. 能够安排宴请活动	1. 开放参观活动的注意事项 2. 宴请常识
	（五）商务旅行	1. 能够拟订商务旅行计划 2. 能够完成国外商务旅行的准备工作	1. 旅行计划及日程安排表的内容 2. 出国旅行常识
	（一）信息管理	1. 能够对信息进行系统整理 2. 能够对信息进行有效传递 3. 能够对信息进行有序存储	1. 信息工作程序 2. 信息整理、传递、存储的基本知识
	（二）档案管理	1. 能够对档案（包括电子档案）进行分类、检索 2. 能够根据档案价值划分保管期限并进行安全保管	1. 档案分类、检索知识 2. 划分档案保管期限 3. 档案保管的基本要求

3.3 三级秘书（原高级）

职业功能	工作内容	能力要求	相关知识
一、商务沟通	（一）商务礼仪	能够进行涉外接待	1. 涉外接待礼仪 2. 涉外交往常识
	（二）接待	1. 能够拟订涉外接待工作计划 2. 能够正确安排礼宾次序 3. 能够指导安排涉外宴请	1. 外事工作的原则及要求 2. 迎送外宾的要求 3. 涉外宴请常识
	（三）沟通	能够选择、运用有效的网络沟通工具，完成内、外部的沟通	网络沟通的特点和形式
二、办公室事务和管理	（一）办公环境的管理	1. 能够按照需求设置办公环境 2. 能够实施办公环境的安全管理 3. 能够应对办公环境中出现的紧急情况	1. 办公环境和办公布局设置要求 2. 办公室人、财、物、信息的安全管理要求 3. 常见的紧急情况应对知识和方法

续表

职业功能	工作内容	能力要求	相关知识
	(二)办公室事务管理	1.能够提出改进办公室事务流程的建议 2.能够审核文稿	1.办公室事务工作流程改进和基本要求 2.文稿审核的方法及相关知识
	(三)办公用品的采购与管理	1.能够选择办公设备和办公用品的供应商 2.能够进行库存监督 3.能够完成办公设备、办公用品的采购工作	1.办公设备和办公用品供应商选择的基本原则 2.办公设备和办公用品收发及库存管理的监督要求 3.采购程序及步骤
	(四)办公效率和时间管理	1.能够拟订和实施办公室工作计划 2.能够建立承办周期制度	1.制订和实施办公室工作计划的基本要求 2.日常办公事务承办周期的要求
三、常用事务文书	常用事务文书的拟写	1.能够拟写市场调查报告 2.能够拟写述职报告 3.能够拟写计划、总结 4.能够拟写招标书、投标书	1.市场调查报告、述职报告的写作要求 2.计划、总结的写作要求 3.招标书、投标书的写作要求
四、会议与商务活动	(一)会议筹备	1.能够拟订会议的筹备方案 2.能够提出会议预算	1.会议方案的内容 2.会务机构的分工 3.会议预算方案的内容 4.电话会议及视频会议知识
	(二)会议协调	1.能够做好会务协调 2.能够辅助引导会议按计划进展	1.会务协调的基本要求 2.引导会议进程的方法
	(三)会议的善后工作	能够做好会议的总结工作	会议总结工作的内容与要求
	(四)商务活动	1.能够组织签字仪式的准备工作 2.能够完成典礼仪式的准备与服务 3.能够组织信息发布会	1.签字仪式的程序 2.典礼的程序 3.信息发布会的程序
	(五)商务旅行	能够拟订大型团队旅行计划并组织实施	大型团队旅行活动的安排要求

续表

职业功能	工作内容	能力要求	相关知识
五、信息与档案	（一）信息管理	1. 能够进行信息的开发 2. 能够进行信息的利用 3. 能够利用信息反馈指导工作	1. 信息开发的基本要求 2. 信息利用的基本要点 3. 信息反馈的目的及特点
	（二）档案管理	能够有效利用档案	1. 档案利用的概念、意义和方法 2. 档案深层次开发的概念

3.4 二级秘书

职业功能	工作内容	能力要求	相关知识
一、商务沟通	（一）商务谈判	1. 能够运用商务谈判常识协助主谈者准备谈判 2. 能够提出有效建议 3. 能够运用谈判技巧，避免陷入误区	1. 谈判的特征、要素和种类 2. 谈判的原则和基本过程
	（二）沟通	1. 能够组织和引导团队进行有效沟通 2. 能够解决跨文化沟通中的实际问题	1. 团队的含义及高效团队的特征 2. 团队沟通的有效策略 3. 跨文化沟通的障碍
二、办公室管理	（一）办公模式与安全运营	1. 能够根据不同需求选择办公模式 2. 能够建立并推行安全运营机制	1. 不同办公模式的特点及选择方法 2. 组织安全运营的法律要求
	（二）团队管理	能够管理团队，激发效能	团队管理的基本方法
	（三）办公资源管理	1. 能够提出大型或批量办公设备的预算 2. 能够调配和利用办公资源	1. 采购大型办公设备的程序和要求 2. 政府采购与招投标程序 3. 资源的调配与合理利用的基本要求
	（四）办公效率和目标管理	1. 能够根据组织目标，提出行政部门的工作计划 2. 能够监督推进各项目标的完成	1. 拟订工作计划的方法 2. 目标管理要点

续表

职业功能	工作内容	能力要求	相关知识
三、常用事务文书	常用事务文书的拟写	1. 能够拟写合同 2. 能够拟写可行性研究报告	1. 合同的写作要求 2. 可行性研究报告的写作要求
四、会议与商务活动	(一)会议筹备	能够审核大型会议的预案	大型会议预案的审核内容
	(二)会议中的管理	1. 能够在会议的主持中进行有效交流 2. 能够引导会议决议的形成	1. 主持会议的技巧与要求 2. 形成会议决议的技巧
	(三)会议的善后工作	能够进行会议效果评估	会议效果评估要求及方法
	(四)商务活动	1. 能够组织协调大型商务活动 2. 能够做好商务谈判的辅助工作	1. 大型商务活动的程序与内容 2. 商务谈判辅助工作的内容
五、信息与档案	(一)信息管理	1. 能够利用信息辅助决策 2. 能够科学地管理信息资源	1. 信息决策服务的基本要求 2. 信息资源管理的基本要点
	(二)档案管理	1. 能够提出本组织档案管理模式建议 2. 能够拟订本组织的档案管理规定	1. 不同档案管理模式的特点 2. 档案管理规定的内容

4. 比重表

4.1 理论知识

项 目		五级秘书(%)	四级秘书(%)	三级秘书(%)	二级秘书(%)
基本要求	职业道德	10	10	10	10
	基础知识	30	25	20	15
	会议管理	15	15	20	25
	事务管理	20	25	25	25
	文书拟写与处理	25	25	25	25
	合计	100	100	100	100

4.2 专业能力

项　目	五级秘书(%)	四级秘书(%)	三级秘书(%)	二级秘书(%)
会议管理	30	30	30	30
事务管理	45	45	40	40
文书拟写与处理	25	25	30	30
合计	100	100	100	100

案例分析 >>>

一名秘书专业大学生求职过程中的反思[①]

大学期间，小马学的是秘书专业。所以，毕业时，她决定找一份与秘书专业相关的工作。

招聘会上，小马在众多招聘单位中选择了一家公司，却发现该公司的招聘展台前围满了应聘者。大家奋不顾身地往展台挤，还不断给招聘人员递简历。顷刻间，小小展台上的简历便堆积如山。招聘人员虽不停地整理，可还是抵挡不住如雪片般飞来的简历。

小马费了好大劲才挤到前台，刚把自荐书递过去，自我推销的话还未出口，耳边一个清脆的声音传来了："老师，您需要帮忙吗？我来帮你整理简历吧？"小马转身一看，是身边一位被挤得跌跌撞撞的女孩的声音。那位招聘人员紧锁的眉头瞬间舒展，连忙点头说："好！好！好！你过来，我正需要人手帮忙呢！忙了这大半天，还是第一次听到有人这么体贴地问询。"

应聘结果不言而喻。那位适时出手的女孩就凭那一句体贴的问询，使她在众多求职者中脱颖而出被录用了。当招聘人员用一句"一个合格的秘书必须眼里有活儿"来回绝包括小马在内的众多求职者时，大家都静静地离开了。

几天后，小马接到另外一家单位的复试通知。精心做了一番准备后，小马便早早赶到了那家单位。一踏进该公司的大门却发现情形和前几天如出一辙：

---

① 本案例改编自：http://www.job5156.com/hr/6794.html。

应试大厅人山人海。

经过几个小时的漫长等待,终于听到工作人员叫小马的名字了。小马迈着轻快的步子穿过人群,来到了应试台前。见到主考官由于天气炎热和应聘现场的混乱,已明显露出了疲倦的表情,小马赶忙上前对正要决定暂停当天招聘的工作人员说:"老师,您需要帮忙吗?我来帮你整理简历吧?"这可是小马前几天刚学来的应聘实务技巧。小马正要为自己的小聪明暗自窃喜,不料,那位主考官对她不耐烦地说:"你烦不烦呀,还要给我添乱。"

主考官的反应让小马一头雾水,正欲悻悻离开。忽然听见一个清脆响亮的声音在大厅回荡:"如果大家想给自己一个机会,就请大家安静,自动排好秩序。"话音刚落,大厅还真一下就安静了下来。原来是一位前来应聘的女同学在帮忙维持秩序。很自然的,招聘会得以继续进行了。

轮到小马面试时,刚才那位主考官对她说:"作为一名秘书,眼里有活当然是好事,但是一名优秀的秘书仅眼里有活是远远不够的,她还必须具备找适当、有用的活的能力。你怎么就没想到帮我维持秩序呢?"主考官一席话让小马陷入了深思。

这时,主考官把那位正在维持秩序的女孩叫了过来,当众问她为什么这样做。女孩说:"没啥,这是一个应聘者应该做的小事。我只不过觉得您现在最需要的是安静。有了安静的环境,您才会有清醒的头脑,才能更好地考核我们这些应聘人员。"

小马的两次求职经历说明了什么?

本章小结

本章讲述了秘书岗位的应聘和秘书职业资格认证等内容。介绍了秘书专业学生在求职过程中应该了解的基本知识及国内外通行的秘书职业资格考试的相关内容。要求大家重点掌握秘书国家职业标准和如何准备求职材料等内容。

复习思考题

1. 秘书专业学生可以通过哪些途径收集招聘信息?
2. 各类型组织对秘书人员的工作要求对正在学习的同学们有什么启示?
3. 如何准备完备的求职资料?
4. 我国秘书职业资格考试的内容有哪些?

项目实训

一、实训目标

通过求职资料的准备,使同学们学会运用前面学到的方法来收集招聘信息,制作求职资料,以检验学习成果,为择业就业做准备。

二、实训背景

受中国高职教秘书学会的委托,辽宁经济管理干部学院拟于2019年8月20日上午9:00,在沈阳市棋盘山鸿宇山庄组织召开中国高职教秘书学会辽宁分会的成立大会。会议将邀请中国高职教秘书学会的全体会员及各地职业院校文秘专业负责人参加。

三、实训内容

作为一名文秘专业学生,面对就业的重重压力,你对毕业后工作岗位的具体情况要有一个理性的认知。为了获得一份理想的工作,经过多方面收集就业信息,认真比较与筛选后,确定了求职目标,为此你要制作一份完整的求职资料。

四、实训要求

1. 本实训任务可以在文秘实训室完成,要求学生每人一台电脑。实训室要有上网条件。

2. 学生完成并上交电子版求职资料。

参考文献

1. 《习近平谈治国理政》,外文出版社 2014 年版。
2. 《习近平讲故事》,人民出版社 2017 年版。
3. 《习近平关于党风廉政建设和反腐败斗争论述摘编》,中央文献出版社、中国方正出版社 2015 年版。
4. 《习近平关于全面依法治国论述摘编》,中央文献出版社 2015 年版。
5. 《以习近平同志为核心的党中央治国理政新理念新思想新战略》,人民出版社 2017 年版。
6. 中办、国办印发:《党政机关公文处理工作条例》。
7. 徐成华、孙维、房庆、魏宏、李玲主编:《GB/T9704-2012〈党政机关公文格式〉国家标准应用指南》,中国质检出版社、中国标准出版社 2012 年版。
8. 劳动和社会保障部颁布:《秘书国家职业标准》(2006 版)。
9. 国家档案局:《国家档案局关于发布档案行业标准〈归档文件整理规则〉的通知》。
10. 国家档案局:《归档文件整理规则》(DA/T 22—2015)。
11. 中国就业培训技术指导中心:《秘书职业资格考试》,中央广播电视大学出版社 2006 年版。
12. 范慰慈:《秘书(基础知识)》,中国劳动社会保障出版社 2008 年版。
13. 中国高等教育学会秘书学专业委员会:《中国秘书岗位资格证书教程》,中国人民大学出版社 2006 年版。
14. 陆瑜芳:《秘书学概论》(第三版),复旦大学出版社 2015 年版。
15. 王守福:《秘书学概论》,北京师范大学出版社 2017 年版。

16. 张同钦:《秘书学概论》(第二版),中国人民大学出版社 2014 年版。
17. 吕发成、方国雄:《秘书学基本原理》,兰州大学出版社 2012 年版。
18. 毕雨亭:《秘书实务》,清华大学出版社 2017 年版。
19. 王玉霞、黄昕:《办公室事务管理》(第 2 版),清华大学出版社 2015 年版。
20. 周莹萍、程时用:《秘书礼仪》,清华大学出版社 2011 年版。
21. 伊强:《办公管理法律实务》,清华大学出版社 2011 年版。
22. 范立荣:《现代秘书学教程》(第五版),首都经济贸易大学出版社 2018 年版。
23. 吴良勤、杨群欢:《商务秘书实务》(第 2 版),重庆大学出版社 2014 年版。
24. 杨树森:《新编中国秘书史》,中国人民大学出版社 2018 年版。
25. 杨树森:《秘书学研究论集》,安徽师范大学出版社 2018 年版。
26. 杨锋:《秘书工作案例与分析》,暨南大学出版社 2010 年版。
27. 邓云川:《秘书学专业"知识+能力+素质":人才培养模式创新与实践》,中国纺织出版社 2018 年版。

教师反馈及教辅申请表

北京大学出版社本着"教材优先、学术为本"的出版宗旨，竭诚为广大高等院校师生服务。为更有针对性地提供服务，请您认真填写以下表格并经系主任签字盖章后寄回，我们将按照您填写的联系方式免费向您提供相应教辅资料，以及在本书内容更新后及时与您联系邮寄样书等事宜。

书名		书号	978-7-301-	作者	
您的姓名				职称职务	
校/院/系					
您所讲授的课程名称					
每学期学生人数	_____人	_____年级		学时	
您准备何时用此书授课					
您的联系地址					
联系电话（必填）			邮编		
E-mail（必填）			QQ		
您对本书的建议：			系主任签字： 盖章		

我们的联系方式：

北京大学出版社社会科学编辑部

北京市海淀区成府路 205 号，100871

联系人：梁路

电话：010-62753121 / 62765016

传真：010-62556201

E-mail：ss@pup.pku.edu.cn

微信公众号：ss_book

新浪微博：@未名社科-北大图书

网址：http://www.pup.cn

更多资源请关注"北大博雅教研"